KB067289

상처 치유와
성장을 위한
지혜

이 저서는 2015년 정부(교육부)의 재원으로 한국연구재단의 지원을 받아 수행된
연구임(NRF-2015S1A6A4A01009974)

Wisdom for
the Healing of Wounds
and the Growth

상처 치유와
성장을 위한
지혜

윤덕규 지음

동연

머 리 말

고등학교를 갓 졸업한 스무 살 무렵부터 대학을 졸업하고 직장을 잡고 독립을 시작하는 30대 초중반까지의 기간은 인생에서 황금기로 불린다. 사회에서 성인으로 대접받고 신체적으로는 가장 활발하게 움직일 수 있는 시기. 하지만 동시에 불안정한 삶으로 아픔을 느끼고 미성숙함을 드러내기도 하는 시기. 말 그대로 '청춘의 나날들'이다.

필자 또한 뒤척였던 청춘의 나날들을 경험했다. 그리고 먼 길을 걷고 걸어 이제 중년이 됐다. 그래서 잘 보였을 것이다. 일터인 대학에서 만나는 수많은 학생과 대화하고 상담하며 그들의 고민이 내 것인 양 훤히 보였다. 이 시기의 젊은이들 중 많은 수가 자신의 아픔과 상처와 집착으로 온전한 삶을 살아내는 일에 어려움을 겪는다. 무한한 성장 가능성을 지닌 때이지만 자신의 더 나은 변화를 이끌어내고 더 나은 미래를 준비하기 위해 무엇을 해야 하는지 모른 채 방황한다.

한국 사회는 치열한 경쟁 사회다. 젊은이들은 어려서부터 과도한 스트레스에 직면한다. 가정불화와 가정 해체를 겪기도 하고 학교에서 언어적·신체적 폭력을 당하거나 목격하면서, 혹은 본의 아닌 가해자가 되면서 성장한다. 이런 청년들은 치유되지 않는 상처와 아픔을 지니고 살아간다. 그들은 낮은 자존감으로 자기 가치를 간과하거나 자신감이 없어 스스로를 탓하기도 하며, 알코올이나 도박, 과소비와 게임 같은 집착의 대상에 쉽게 사로잡힌다. 삶의 비극적 상처를 품고, 불안과 집착의 과도한 형태인 중독에 시달리며 살아가는 것이다.

필자는 우리 시대 청춘들의 이러한 문제들을 정신의학적 측면에서 조명하고 심리적·영성적 접근을 통해 그 해결책을 모색해보고자 한다. 젊은이들이 자기 자신을 이해하고, 자신의 아픔을 치유해나가고, 좀 더 성숙하고 지혜로운 한 인간으로서 살아갈 수 있는 길을 함께 찾아보자는 바람이다.

필자는 정신의학적인 측면에서 우리의 상처를 이해하고 치료적 대안을 제시하기 위해 현대 정신의학과 심리학이 발전시킨 트라우마 연구와 정신분석학의 개념적 틀, 중독 연구의 개념을 사용하고자 한다.

트라우마 연구를 통해 폭력과 학대, 재해 같이 우리가 삶에서 경험할 수 있는 부정적 사건들과 그로 인해 생긴 정신적 고통에 대해 개념 정리는 물론 실제 사례를 들어 접근할 것이다. 정신분석학을 통해 우리가 어린 시절부터 쌓아왔던 핵심감정과 핵심역동을 살펴봄으로써 우리의 무의식 안에 형성된 불안과 충동과 좌절의 실체를 들여다보고, 그것이 우리의 행동에 미치는 영향을 이해하고자 한다. 또한 현대인들이 갖고 있는 물질과 행위에 대한 집착을 이해하기 위해 중독 연구라는 틀을 사용할 것이다.

인간은 영적 존재(spiritual beings)다. 모든 인간은 본원적인 의미에서 어떤 특정한 종교와 관련 없이 자신의 영성을 추구한다. 영성의 정의를 삶의 의미와 목적을 추구하고, 삶의 초월을 통한 자기통합과 자기완성을 추구하는 것이라고 한다면 대부분의 사람은 정도의 차이는 있지만 영적 삶을 살아가고 있다. 이러한 영적 삶은 특히 종교 전통에서 구체화되고 영적 추구를 위한 풍요로운 자원을 만난다.

　필자는 오랫동안 종교적 진리에 관심을 갖고 공부해왔다. 각각의 종교 전통은 영적 추구를 위한 초월적 삶의 길을 제시하지만 그중 기독교 영성 전통은 나의 믿음과 결부되었기 때문에 내가 가장 잘 알고 깊이 있게 연구해온 길이다. 그런 점에서 이 책에서는 주로 기독교 영성 전통의 영적 추구의 시각에서 우리의 상처의 치유와 회복, 인간의 성숙과 지혜에 대해 이야기할 것이다

　많은 사람에게 인생의 고통과 시련은 자신의 바람과는 다르게 불가피하게 찾아온다. 그것은 청춘들에게는 학교와 군대에서 당하는 학대와 폭력의 경험일 수도 있고, 부모의 이혼 또는 사랑하는 사람과의 이별과 같은 아픔일 수도 있다. 또한 대학을 졸업하고도 제대로 된 직장을 찾지 못하는 오늘의 사회적·경제적 상황 속에서 생기는 혼돈과 방황일 수도 있다.

　군대에서 만난 선임병들이 집단적으로 하급병들을 괴롭히는

골치 아픈 사람들이라면 어떻게 대처할 것인가? 대학을 졸업하고 지원하는 회사마다 탈락한다면 어떻게 할 것인가? 이러한 고통스러운 상황은 누구에게나 곤혹스럽다. 괴롭고 외로울 것이다. 왜 자신에게 그런 상황이 닥쳤는지 자문하며 풀리지 않는 고민에 빠지기도 한다.

필자는 이 책을 통해 단지 심리치료를 위한 모색에 그치지 않고 청년들의 인격 성숙과 지혜로운 삶에 대해 함께 고민하고자 한다. 진정한 치유와 회복은 치료와 함께 인격 성장을 통하여 더 성숙한 인간이 되는 것을 포함하기 때문이다.

청춘의 시기, 자신이 걸어갈 길을 정해야 하는 갈림길에 놓인 때이다. 그렇기에 삶의 지혜가 더욱 절실하다. 삶의 허방에서 빠져나와 인생의 목적을 바로 깨닫고, 우리의 삶과 공동체를 좀 더 긍정적이고 성숙한 방향으로 나아가게 하는 지혜. 치열하게 경쟁하는 사회에서도 생명력을 꽃피우며 아름다운 삶을 살아갈 수 있는 지혜. 그런 지혜의 지팡이, 지혜의 길잡이가 필요하다.

감히 청춘들의 앞길에 길잡이가 되겠다는 생각을 하지는 않는다. 단지 그들이 건너야 할 여울에 징검다리 하나를 놓아주고 싶다는 마음뿐이다. 선택은 각자의 몫. 그저 갈림길에 소박한 나무 푯말이 될 수 있다면, 험로를 걸어가는 청춘들이 그 표지를 보고 앞서간 사람의 발자국으로 외롭지 않은 길이 될 수 있기를 바랄 뿐이다.

이 책은 크게 3부로 구성되었다.

1부에서는 한국인들이 경험하는 트라우마와 핵심감정과 중독에 대해 논의하며 우리 안의 상처와 아픔과 집착의 문제를 이해하고자 한다.

1장 "상처의 이해 ― 트라우마"에서는 사람들에게 '트라우마'라는 큰 정신적 고통의 상흔을 남기는 사건들과 그 실제 사례들을 소개하겠다. 한국 사회에서는 자연재해보다는 사고에 기인한 트라우마와 폭력과 학대로 인한 트라우마가 많이 발생한다. 그러한 사건들의 실제 사례를 통해 트라우마의 결과가 어떻게 사람의 뇌에 깊은 상처를 남기는지 소개할 것이다.

2장 "무의식의 불안 이해 — 핵심감정"에서는 어린 시절부터의 무의식적인 역동을 통해 우리 안에 깊이 형성되어 있는 불안과 충동의 감정을 이해하기 위해 정신분석학적 개념인 핵심감정에 관해 소개한다. 핵심감정이란 "어린 시절 성장 과정에서 상당한 결핍이 반복적으로 있을 경우 그 결핍된 감정은 어린 아이의 심층심리에 다른 어떤 감정과도 비길 수 없는 깊은 골을 패게 만든" 것으로 어린 시절에 형성되어 무의식 속에 묻혀 있는 성장한 후에도 성숙하지 못한 좌절과 갈등과 무의식 속에 묻혀 있는 성장한 후에도 성숙하지 못한 좌절과 갈등과 우울과 분노와 슬픔과 같은 것들이다.[1]

---

1 이만홍, 황지연, 『역동심리치료와 영적탐구』(서울: 학지사, 2007), 30-38.

이러한 핵심감정은 불안을 만들어내며 성인이 되어서도 지속적으로 큰 영향을 미치기 때문에 핵심감정을 통해 자기에 대한 이해와 불안에 관해 생각해볼 것이다. 또한 이 장에서는 이러한 인간의 심리 내적인 불안과 함께 현재 젊은이들이 경험하는 사회적 불안에 관해 탐구할 것이다.

　　3장 "집착의 이해 — 중독"에서는 물질과 행위에 대한 중독 현상을 들여다보며 우리가 갖고 있는 집착의 결과와 원인을 이해해볼 것이다. 중독의 원인에는 다양한 시각들이 존재하지만, 심리 발달적 관점에서 보면 중독은 유년시절의 트라우마나 충족되지 못한 구강기적 욕구의 결과와 관련된다. 즉 불안이나 우울 같은 참을 수 없는 정서와 정신적으로 해소되지 못한 갈등을 스스로 다루고 조절하려는 시도이다. 이러한 관점에서 이 장에서 다루는 집착과 중독은 앞의 두 장에서 다룬 정신적 고통과 불안에 관한 탐구와 긴밀한 관계를 맺는다. 1부에서 소개하는 오늘날 젊은이들이 겪는 상처와 불안, 집착과 관련하여 이전 세대가 경험하지 못한 왕따나 스마트폰 중독 같은 요즘 젊은이들이 겪는 학대와 중독의 사례를 좀 더 집중적으로 다루고자 한다.

2부에서는 1부에서 다룬 상처와 집착에 대해 심리학적인 지식과 함께 기독교 영성과 관련한 다양한 영적 치유의 접근들을 통해 우리의 상처와 불안과 집착을 치유할 수 있는 방식들을 다뤘다. 설명과 함께 다양한 사례들을 다룸으로써 독자들에게 실제적인 도움을 줄 수 있도록 구성했다.

4장 "상처 이야기하기와 새롭게 해석하기"에서는 상처와 아픔을 이야기하고, 새롭게 해석하고, 글로 쓰는 것을 통해 우리가 갖고 있는 상처와 불안을 치유하는 법을 모색할 것이다.

5장 "자존감 회복"에서는 자기에 대한 인식인 자기존중감을 회복하는 방법을 찾아볼 것이다. 자존감은 자신이 사랑받을 만한 존재라는 자기 가치와 더불어 주어진 일을 잘 해낼 수 있다는 자신감으로 구성된다. 하지만 많은 청년이 과거의 상처와 미래의 불안으로 자신감을 결여한 채 살아간다. 이 장에서는 자기 가치를 더 인식하고 자신감을 높일 수 있는 방법을 기술하겠다.

6장 "용서와 평화적 관계"에서는 용서와 화해에 대해 다룬다. 용서와 치유는 불가분의 관계이다. 상처가 아직 치유되지 못했을 때 용서하기 어려우며, 용서하지 못하면 내면의 상처를 악화할 수 있다. 용서는 인간 상호 간의 평화로운 관계를 수립하기 위한 기초가 된다. 이 장에서는 용서와 함께 타인과의 관계에서 평화적 관계 형성과 비폭력적 삶에 관해 다룰 것이다.

7장 "묵상과 침묵 기도, 자연을 통한 치유"에서는 묵상과 기도 속에서 인간이 치유되고 어떻게 성장해나갈 수 있는가를 소개할 것이다. 평화를 위한 구체적인 삶의 원리는 마음 훈련에서 시작된다. 이 장에서는 기독교의 영성 훈련 방법인 묵상과 침묵 기도에 대해 살펴볼 것이다.

8장 "긍정 감정과 영성"에서는 감사와 기쁨, 희망과 사랑의 긍정 감정들을 통해 상처를 치유하고 삶을 행복하게 만드는 방법에 대해 다룬다. 이 장에서는 종교 영성과 현대 심리학의 긍정심리학적 연구 결과를 학제 간에 융합하여 기술할 것이다.

3부에서는 상처와 집착에 대한 치유가 심리적 치료에 그치는 것이 아니라 영적인 성장을 통해 지혜로운 삶으로 나아가는 것을 탐구했다.

9장 "지혜로운 삶"에서는 지혜와 지혜로운 삶이란 무엇인가에 대해 기독교 종교 전통에 나오는 잠언과 전도서의 지혜를 중심으로 소개한다. 또한 정체성의 탐구와 직업의 선택, 자기실현을 위한 지혜를 소개하겠다.

10장 "공동체의 평화와 정의"에서는 치유와 지혜의 확장으로써 정의롭고 평화로운 사회 건설에 초점을 맞춰 논의하겠다. 인간의 상처와 불안의 근원적 원인이 되었던 폭력과 억압을 없애고, 평화로운 삶과 사회를 구현하기 위해서는 우리가 폭력으로 인해 받은 상처를 치유하는 것만이 아니라 우리가 서로를 존중하는 인

간관계를 형성하고, 공동체의 정의와 평화를 만들어야 하기 때문
이다. 특히, 오늘날 한국 사회의 젊은이들이 겪는 좌절과 무력감
이 사회적 원인과 밀접한 관계를 갖는다는 점에서, 이 장에서는
개인의 문제를 넘어서 차별과 억압 같은 사회적 문제에 대해 성찰
할 것이다.

차 례

제1부

상처와 불안, 집착 이해하기

제1장

상처의 이해 ─ 트라우마

우리 대다수는 일생을 살아가면서 크고 작은 트라우마를 경험한
다. 필자가 만난 학생들 또한 정신적으로 아주 건강하게 자란 극
소수를 제외하고는 대다수가 크고 작은 트라우마를 경험하며 성
장해왔다. 이 장에서는 젊은이들의 상처의 원인이 되고 있는 트
라우마에 대해 살펴보겠다.

　트라우마(Trauma)란 말은 심지어는 개그 프로그램에서도 "앗
트라우마"라는 말이 등장할 정도로 지난 10여 년간 한국 사회에
서도 익숙한 단어가 되었다. 트라우마란 일반적으로 '정신적 외
상'으로 해석되는데 이는 인간이 고통스러운 사건을 통해 신체적
외상만이 아니라 정신적 외상을 가질 수 있음을 뜻한다. 정신의
학과 심리학에서는 트라우마를 사람의 정신을 압도하는 사건이

나 그러한 사건의 결과로 경험하게 되는 정신적 고통을 일컫는 말로 정의한다.

트라우마에는 트라우마 사건과 그로 인한 정신적 고통 두 가지 모두 포함된다. 인간이 경험하는 트라우마의 유형은 폭넓고 다양하다. 지진과 대규모 화재, 홍수, 산사태, 태풍, 화산 폭발과 같은 자연 재해와 항공기, 열차, 선박 등의 대규모 교통사고로 인한 재난과 심각한 차량 사고 등의 인적 재해 등 삶의 도처에 트라우마를 경험하게 하는 사건들이 넘친다. 또한 인간 상호 간에 일어나는 폭력으로 트라우마를 경험하기도 한다. 이러한 폭력의 유형에는 아동학대와 가정폭력과 학교폭력, 강간과 전쟁과 테러가 포함된다.

트라우마에 노출되는 것은 사람들에게 상당히 심각한 정도의 지속적인 정신적 상흔을 남길 수 있다. 이 장에서는 트라우마라는 렌즈를 통해 인간이 경험할 수 있는 정신적인 마음의 상처들을 이해하고자 한다. 한국인들이 많이 경험하는 트라우마의 유형을 구체적인 사례들과 함께 다룰 것이다.

1. 트라우마의 유형

위에서 언급한 했듯이 트라우마 사건의 유형은 매우 다양하다. 지진·태풍·홍수·대형 화재·산사태·화산 폭발 등의 자연 재해 유형, 항공기·선박·철도 등의 대규모 교통사고, 테러·전쟁·강간·고문·가정폭력·아동학대 등의 인간 상호 간 폭력 등으로 구분해볼 수 있다. 최근에는 우리나라에서도 진도 5.0 이상의 지진이 일어나서 지진과 같은 자연 재해로 인한 트라우마도 간과할 수 없지만, 이 장에서는 한국 사회에서 자주 일어나고 있는 트라우마 유형이며 젊은이들의 상처의 원인이 되는 아동학대와 학교폭력, 가족의 갑작스러운 죽음과 교통사고 등의 트라우마 유형을 살펴볼 것이다.

1) 아동학대

아동학대(Child Abuse)의 유형에는 신체적, 정서적, 성적 학대와 방임이 포함된다. 이러한 아동학대는 전쟁과 식민지와 가난을 경험한 지난 세기의 한국 사회 가정에서 흔히 일어나는 일이었다. 청년세대들의 부모나 조부모세대인 한국의 60대 이상 노년층 중 적지 않은 수가 술 취한 아버지에게 폭행과 정서적 학대를 당하는 경험을 하며 성장했다. 실제로 아동학대의 가장 많은 사례는 가정에서 발생한다. 학대의 가해자 중 80%가 피해 아동의 부모인데 신체적 체벌과 폭행, 정서적인 학대는 많은 한국 가정에서 벌어져왔고 현재도 자주 발생하고 있다.

부모의 경제적 궁핍이나 이혼으로 인한 방임도 아동학대의 한 유형으로 가정 내에서 종종 일어난다. 보건복지부가 발표한 「2014년 전국아동학대현황보고서」의 통계자료에 따르면 아동학대의 85.9%가 집에서 발생했고, 아동학대로 판단된 전체 10,027건 중 81.8%가 피해 아동의 부모가 학대자인 것으로 나타났다.[1] 사람들이 흔히 생각하는 것과는 반대로 학대의 가해자가 외부인인 것이 아니다. 아동학대의 가해자는 열 중 여덟 건이 피해 아동의 부모이다. 특히, 가정 해체로 인한 부자가정, 모자가정, 미혼부·미혼모가정 등 한부모 가정에서 아동학대 발생률이 35%에 달한다.

아동학대는 피해자로 하여금 성인기에 정신과 치료를 받게 만드는 주요 원인이 된다. 19세기 후반 이후 현대 정신의학 발전에 큰 영향력을 끼쳤던 지그문트 프로이트(Sigmund Freud)는 인간이 태어나서 5~6세까지가 인간의 정신이 형성되는 데에 결정적인 시기라고 말한다. 실제로 정신과 치료 환자들의 절반 이상이 어린 시절 신체적·정서적·성적 학대의 경험을 갖고 있다.[2] 어린

---

[1] 보건복지부, 「2014년 전국아동학대현황보고서」, 116, 122.

시절 부모 또는 다른 사람들에게 신체적 · 정서적 · 성적 학대를
당하는 경험은 성인으로 성장한 후에도 정신에 부정적인 근원 경
험으로 지속적으로 작용할 수 있다. 아동학대 생존자들은 다른
환자들과 비교할 때 유의미하게 높은 불면증, 성기능 장애, 해리,
분노, 자살 경향, 자해, 약물중독, 알코올중독 증세를 보인다.

　아동 학생의 80% 이상의 가해자가 아이의 부모인 것과 같이
아동학대는 한국의 가정에서 빈번하게 발생한다. 필자와 상담했
던 학생의 사례를 하나 들어보겠다.

　A군은 어린 시절 알코올중독자인 아버지를 둔 가정에서 자라
났다. 아버지는 정상적으로 일을 할 수 없어 실업상태였고 술에
취하면 항상 어머니를 두들겨 팼으며, A군도 때때로 아버지의 폭
력의 대상이 되었다. A군의 어머니는 남편의 술주정과 폭력이 심
해지면 몸을 피해 어디론가 나가곤 하였다. 남겨진 A군은 술 취한
아버지와 밤을 보내며 아버지에 대한 두려움과 증오의 마음을 가
득 품게 되었다.

　알코올중독자인 부모를 둔 가정에서 이러한 신체적 학대 사례
는 빈번하게 발생한다. 2016년 1월에는 11세 소년이 술에 취해

---

2 주디스 허먼, 최현정 옮김, 『트라우마』(서울: 플래닛, 2007), 211. 허먼은 어린 시절
의 학대는 성인기에 정신과 치료를 받게 만드는 주요한 요인이 된다고 말한다.

늦게 귀가한 어머니를 구타하던 아버지를 살해한 사건이 일어났다. 상습적인 가정폭력을 목격하던 아들은 어머니에게 폭력을 행사하는 아버지를 부엌에서 흉기를 가져와 충동적으로 찌르게 되어 아버지가 사망했던 것이다. 이러한 극단적인 일은 흔한 것은 아니지만 아직 한국 사회에서 가정폭력과 아동학대가 많은 가정에서 여전히 진행 중이라는 것을 단적으로 보여준다.

위의 사례와 같이 지속적이고 반복적인 아동학대라고 할 수는 없지만 다음의 사례는 더 많은 수의 어린이가 부모에게서 받는 학대라고 할 수 있고 이것은 아이들의 마음에 깊은 상처를 남긴다.

S군은 초등학교 시절 매주 가족들과 함께 교회를 갔는데 친구들과 함께 부모님에게 받은 헌금을 교회에 내지 않고 오락실로 가서 오락을 하게 되었다. 친구들과 오락 하는 데 재미가 들린 S군은 교회를 가지 않고 오락실에 가는 시간만 일주일 내내 기다릴 정도였다. 그러나 시간이 지나면서 그만 아버지에게 들키게 되었다. 화가 난 아버지는 S군의 얼굴과 배를 마구 때리는 과도한 폭력을 행사했다. 맞은 부위가 아파 고통스럽기도 했지만 아버지에게 맞을 때 친구들과 동생들도 그 자리에서 지켜봤기에 S군은 심리적으로 더 고통을 받았다. S군은 동생들 앞에서 무차별적으로 맞은 것이 너무나 창피했고 자존감에 상처를 받았으며, 성인이

된 지금도 지워지지 않는 고통스러운 기억으로 남아 있다.

적지 않은 청년들이 S군이 경험한 것과 같은 고통스럽고 수치스러운 폭력과 체벌의 상처를 갖고 있다. 이러한 학대의 경험은 성인이 된 이후에도 부모와의 갈등과 낮은 자존감, 불안의 원인이 된다.

2) 학교폭력

학교폭력은 오늘날 한국 사회에서 심각하게 받아들여지고 있는 트라우마의 유형이다. 필자가 학교에 다녔던 시기인 1980년대에도 학교폭력은 심각했다. 하지만 오늘날 그 정도가 많이 개선된 것으로 보이지는 않는다.

학교폭력은 크게 교사들의 교권을 매개로 한 학생들에 대한 폭력과 기합 등의 억압적 행동, 학생 상호 간에 일어나는 폭력으로 구분해볼 수 있을 것이다. 교사가 가하는 폭력은 학생인권조례 제정과 같이 학생들의 인권을 존중하고 교사에 의한 체벌적 폭력을 줄이고자 하는 노력으로 현재는 많이 줄어들었다. 학생들 상호 간에 일어나는 폭력은 학교폭력을 줄이려는 정부와 학교, 시민사회의 노력으로 2012년 이후 계속 줄어들고는 있지만 아직도 피해 학생이 많이 발생한다.

2015년에 조사된 학교폭력실태조사 결과에 따르면 학교폭력

유형은 놀리거나 욕설을 하거나 말로 위협하는 언어폭력(35.3%), 왕따와 같은 집단따돌림(16.9%), 신체폭행(11.8%), 스토킹(11%), 사이버괴롭힘(9.7%), 금품갈취(7.1%) 등으로 나타났다.3 가해학생의 70% 이상이 같은 학교 같은 학년의 학생들이었다. 학교폭력을 일으키는 당사자의 연령대도 과거에 비해 낮아졌다. 2015년 조사에서는 초등학교 – 중학교 – 고등학교 순으로 오히려 연령이 낮은 경우에 더 많은 피해 보고가 나타났다. 학교폭력은 피해학생들에게 불안과 우울 증세를 야기하고, 폭력 피해를 당한 피해 학생들 중 절반 가까운 학생들이 자살까지 생각하게 만드는 심각한 트라우마의 근원이다.

K양은 고등학교 시절 학급 반장을 맡는 등 학교에서 활동적이고 친구도 많았다. 그러나 어느 날 자신을 싫어하던 여학생으로부터 시작된 자신에 대한 왕따가 모든 학생에게 퍼져나갔다. 자신도 왕따 당할 것을 두려워했던 친한 친구들마저 왕따에 동조하게 되자 K양의 고등학교 시절은 악몽으로 변했다. 왕따로 인한 우울증과 대인기피증으로 인해 정신과 치료도 받았고 학업에 집중할 수 없어서 대학은 재수를 해서 본인이 기대했던 학교보다 훨씬 낮은 대학으로 진학했다. 대학 생활을 하면서 초기보다는

---

3 교육부 보도자료,「2015년 2차 학교폭력실태조사 결과」, 4.

자신감을 많이 회복했지만 아직도 당시를 생각하면 고통스러워한다.

K양이 경험했던 왕따 현상은 1990년대 이후 한국의 초등학교와 중고등학교에서 많이 발생했다. 1980년대만 해도 이러한 집단따돌림은 한국의 학교에서 흔한 일은 아니었다. 오히려 당시에는 일본에서 이지메라는 집단따돌림이 유행하여 이에 대해 비판적으로 이야기하곤 했다. 그러나 한국의 학교에서도 1990년대 중반 이후에는 이러한 집단따돌림 현상이 빈번하게 발생하여 현재 대학생들 중 적지 않은 수가 학창시절 당했던 왕따 경험이 지금까지도 상처가 되고 있다고 밝힌다.

왕따 문제가 심각한 사회 문제가 되면서 최근에는 가해자와 피해자 관계가 두드러지는 왕따보다 은근히 따돌리는 '은따' 현상이 중고등학교에서 많이 벌어지고 있다. 은따의 경우 가해자는 신고로 인한 처벌을 피하기 쉽지만, 피해 학생이 겪는 정신적 고통은 왕따로 받는 것과 다르지 않다.

2011년 12월 20일 학교폭력의 피해자인 K군(당시 중학교 2학년생)은 유서를 쓰고 자신의 아파트에서 뛰어내려 자살했다. 2011년 당시 가해자인 S군은 그해 3월부터 12월까지 같은 중학교 2학년 같은 반 친구인 피해자 K군에게 자신의 온라인 게임 캐릭터를 용돈을 받아 키우도록 강요하고, K군이 지시를 잘 따르지 않는다는 이유로 휴대폰 문자메시지를 통해 지속적으로 위협했다. 또 다른 가해자인 A군은 S군과 함께 같은 해 10월께부터 전깃줄을 목에 감고 학교 교실 바닥에 과자를 던져 K군이 이를 받아먹게 하고, 커터칼과 숟가락 등으로 K군의 허벅지와 눈 밑을 찌르고 물고문을 하는 등 상습적으로 폭력을 행사했다. 가해자들의 보복이 두려워 이 사건을 알리지 못했던 K군은 몇 차례 자살을 생각하다가 고통 가운데 목숨을 끊고 말았다. 이 사건에 대해 법원은 S군에게 장기 2년 6월에 단기 2년, A군에겐 장기 2년에 단기 1년 6월의 징역형을 선고했다. 대구 중학생 자살사건으로 알려진 이 사건은 학교폭력의 심각성을 사회에 알리는 계기가 되었다.

3) 가족의 갑작스러운 죽음

우리와 가장 친근한 사람들은 태어나면서부터 함께 삶을 살아온 가족이다. 가족 중 한 명이 갑작스럽게 죽었을 때 우리가 경험하는 충격은 이루 말할 수 없다. 그래서 사랑했던 사람의 갑작스러운 죽음은 하나의 트라우마이며 인간이 경험하는 트라우마 중 가장 흔하게 경험되는 유형이다.

필자는 한 공동체에서 운영하는 영성수련회에 참석했던 적이 있다. 그 수련회의 프로그램 중 주요한 하나는 자신이 인생에서 겪었던 가장 큰 아픔을 이야기하는 것이었는데 참석자들 중 가장 많은 수가 부모와 형제자매, 배우자의 갑작스러운 죽음을 언급했다. 가족의 갑작스러운 죽음은 우리에게 슬픔과 분노, 불안을 야기하며 트라우마로 남는다. 사랑하던 사람의 갑작스러운 죽음으로 인한 이별은 남아 있는 유가족들에게 죄의식과 분노, 두려움과 우울감과 외로움을 남긴다. 특히 자살과 같은 폭력적인 죽음의 형태로 가족 구성원이 떠나갔을 때 유가족이 느끼는 고통은 훨씬 더 크다. 가족 중 한 명이 갑자기 자살을 해서 죽었을 때 남은 유가족들은 충격과 당황스러움에 더해 죽은 사람에 대한 죄책감과 다른 사람들에 대한 수치심을 갖게 된다.

J양은 어린 시절부터 할아버지 할머니와 매우 친숙하게 지냈다. 어머니가 맞벌이로 직장생활을 하였기 때문에 가까운 곳에 사시던 조부모님 집에 J양을 맡겼고 J양은 할아버지와 할머니 손에서 어린 시절을 보냈기 때문이다. J양은 중학교 3학년 때에 아버지에게 전화로 할아버지가 갑작스럽게 돌아가셨다는 소식을 들었다. 그때 J양은 학교 급식으로 나온 스파게티를 먹고 있는 중이었는데 전화를 받던 핸드폰을 떨어뜨리고 소리를 지르며 울면서 운동장을 가로질러 미친 듯이 집으로 뛰어갔다. 할아버지의 장례식 사흘 동안 J양은 밥을 먹지 못했다. 장례식 밥을 먹으면 할아버지가 돌아가신 걸 인정하는 것이라는 생각이 들어 J양은 3일간 식사를 하지 않았다. 그리고 그날 이후로 J양은 더 이상 스파

게티를 먹을 수 없게 되었다. 스파게티만 먹으면 체하고 할아버지 생각에 눈물이 나게 되었다.

4) 교통사고

항공기, 선박, 기차와 같은 대규모 교통수단과 관련되는 사건은 다수의 사상자를 내는 등 큰 규모의 피해를 낳을 수 있기 때문에 생존자들에게 지속적인 공포와 죽음의 두려움을 야기할 수 있다. 물론 대규모 교통사고가 아닌 일반적인 교통사고에서도 그 사건이 자신과 타인의 죽음이나 심각한 상해와 관련될 때 많은 수의 생존자가 정신적인 혼란에 빠진다. 이러한 교통사고를 경험할 때 많은 경우에 신체적인 상해에만 초점을 맞추어 치료를 하고 정신적인 부분을 간과한다. 하지만 오히려 정신적인 상흔이 더 오래 지속하며 생존자를 심리적으로 괴롭힐 수 있다.

L군은 고등학교 시절 여자 친구와 함께 오토바이를 타고 가다 사고가 났다. L군은 크게 다치지는 않았지만 당시 사고로 뒤에 타고 있었던 L군의 여자 친구는 전치 6주의 중상을 입었다. 여자 친구와 함께 오토바이를 타고 있었던 L군은 신호대기 중이었는데 뒤에서 오던 택시가 추돌하면서 오토바이를 30미터 정도 끌고 가다가 멈췄다. 택시 앞범퍼가 오토바이 뒷바퀴를 그대로 끼고 끌고 가면서 뒷자리에 타고 있던 여자 친구는 아스팔트 위로 튕겨져

나갔다. 다행히 L군은 오토바이를 잡고 있어 심각한 부상은 입지 않았다. 그렇지만 택시가 오토바이를 30미터가량 끌고 가는 순간의 공포는 L군의 기억에 강렬하게 남았다. 그는 당시 그 짧은 찰나에 "아 교통사고란 이런 거구나, 이렇게 내가 죽는 거구나", "난 이제 곧 죽겠지" 하는 생각을 했다고 한다. 그 순간의 공포는 그가 살아오면서 이전에 느껴보지 못했던 마음을 압도하는 두려움이었던 것이다.

　당시 L군은 몸이 굳은 채로 아무것도 할 수 없었던 상황이었다. L군을 가장 고통스럽게 만든 것은 여자 친구의 중상이었다. 늑골과 팔이 부러지고 팔 한쪽의 피부가 깊숙이 까여 두 달 가까이 병원에 입원한 여자 친구를 보면서 그는 오토바이를 태운 자신의 잘못이라며 자신을 탓하고 비난했다. 이 사건 이후에 L군은 오토바이는커녕 스쿠터도 쳐다보지 않는다. 저 멀리서 배달 오토바이가 다가오는 것만 보더라도 가까이 다가오기도 전에 오토바이가 오는 경로에서 몇 미터 떨어져서 멀찌감치 걷는 버릇이 생겼다. 그 30미터의 트라우마 경험과 여자 친구에 대한 죄책감은 L군을 오토바이에 일체 가까이 다가가지 못하게 만든 두려운 사건이 되어버렸다.

【영화 속 트라우마 - 굿 윌 헌팅】

영화 〈굿 윌 헌팅〉(Good Will Hunting)은 한국인들에게 잘 알려진 영화로 아동학대 트라우마로부터의 치유와 성장을 다루고 있다. 영화의 주인공 윌은 뛰어난 지적 재능에도 불구하고 어린 시절 양부에게서 받은 지속적인 학대 트라우마로 인해 다른 사람들과 사회적 관계를 맺고 유지하는 데에 어려움을 겪는다.

윌은 어린 시절 양부에게 혁대와 막대기로 매를 맞는 것을 선택당해야만 하는 혹독한 신체적·정서적인 학대를 당하면서 성장했다. 그러한 학대의 결과는 윌이 성인이 되어서 반사회적인 폭력을 행하거나 다른 사람들에게 마음의 문을 열지 않으려는 깊은 상처의 원인이 된다.

반면 윌은 자신이 갖고 있는 수학적 천재성으로 인해 MIT대학의 람보 교수에게 주목을 받게 되고, 그 자신이 저지른 폭력사건의 처벌적 치료의 일환으로 람보 교수의 소개로 심리상담가인 숀을 만나게 된다. 숀과의 만남을 통해 윌은 자신의 마음을 열게 되고 자신의 어린 시절의 고통을 이야기하면서 치료가 시작되는 전기를 맞이한다.

이 영화에서 많은 사람이 감명 깊게 공명하는 장면은 윌이 자신이 당한 학대의 고통을 회상하면 고통스러워할 때 숀이 "그것은 네 잘못이 아니야"(It's not your fault)라고 말하는 장면이다. 어린 시절 지속적인 아동학대를 당한 사람들은 그 학대 사건이 자신의 잘못 때문에 일어났다는 자기 비난의 사고를 갖게 된다. 윌은 자신의 고통을 회상하며 '그것은 네 잘못이 아니라'는 상담가 숀의 말을 들으며 숀을 끌어안고 눈물을 흘린다. 자신의 상처와 고통을 이해해주고 공감해주는 상담가를 만나 감정이 수반된 고통의 이야기를 할 수 있게 된 것이 치유가 일어나는 중요한 원인이 된다. 이러한 정서와 기억의 정화의 경험을 통해 윌은 자신의 아픈 기억과 상처가 치료되는 경험을 하게 되고, 상처의 고통을 어느 정도 덜 수 있게 된다.

윌은 어린 시절 당한 상처 때문에 다른 사람들을 믿을 수도 없었고 깊이 있게 다가갈 수도 없었다. 그는 좋아했던 스카일라와의 사랑에서 진정으로 마음의 문을 열 수 없었다. 그것은 그가 어린 시절 경험했던 것처럼 다시 거부당하고 버림받는 일에 대한 두려움을 갖고 있었기 때문이었다. 그러나 숀과의 상담과 치료를 통해 어느 정도 자신의 상처를 치유하는 경험을 하게 된 윌은 진정한 사랑을 할 수 있을 만큼 성숙하게 된다. 영화의 엔딩에서 윌은 스카일라가 있는 캘리포니아로 떠난다.

2. 트라우마에 대한 반응 유형

트라우마 사건의 경험은 심리적으로 우울증과 불안장애, 스트레
스 장애(외상후 스트레스 장애)와 신체증상 장애 등의 정신 신체적
장애와 약물중독과 존재론적인 변화들을 야기할 수 있다. 트라우
마 사건의 경험이 반드시 정신심리적인 증상으로 연결되는 것은
아니다. 트라우마를 겪고 난 뒤 많은 사람이 시간이 지남에 따라
트라우마 후유증에서 벗어난다. 미국에서 행한 연구결과는 트라
우마 사건에 노출된 사람들 중 약 15~24%가 트라우마 이후의
스트레스로 고통을 받는다고 한다.[4]

트라우마 사건의 경험으로 인한 대표적인 심리적 반응은 우울
증과 불안증세다. 트라우마 사건의 경험은 임상적 수준의 우울증
을 야기할 수 있다.[5] 즉, 트라우마 사건에 대한 노출은 우울 증상
을 발전시킬 수 있는 위험성을 갖게 한다. 물론 우울증이 트라우
마 이후에 뒤따르지 않을 수도 있다. 학대와 폭력 사건과 재해로
인한 상실은 슬픔의 감정과 버려진 느낌과 고립감을 만들어낸다.

---

[4] Naomi Breslau, "The Epideiology of Posttraumatic Stress Disorder: What is the Extent of the Problem?" *The Journal of Clinical Psychiatry* 62, S17 (2001), S16.

[5] John Briere and Catherine Scott, *Principles of Trauma Therapy: A Guide to Symptoms, Evaluation, and Treatment* (London: Sage Publications, 2006), 17.

트라우마 이후의 반응은 희망의 상실, 자신의 무가치함, 과도한 죄의식, 트라우마 사건을 당하기에 합당하다는 생각, 자살 충동, 관심의 상실, 집중력 저하, 식욕부진, 피로감, 에너지 상실, 수면장애 같은 우울증에서 일어나는 증상과 관련될 수 있다.

트라우마는 정신적인 압도됨와 공포반응과 관련되기 때문에 트라우마에 대한 노출은 불안을 야기할 수 있으며 많은 사람이 트라우마 사건 이후에 특정화되지 않은 불안증상을 보인다. 트라우마를 겪은 뒤 많은 사람이 자신이 살고 있는 곳이 안전하지 못한 것을 알게 되며 사람들과의 관계에서 신뢰를 상실하기 쉽다. 세상과 사람들에 대한 안전감과 신뢰의 상실은 두려움과 불안을 발전시키는 요인이 된다. 또한 불안 자체는 트라우마에 따르는 외상후 스트레스를 발전시키는 위험 요인이 된다.

외상후 스트레스 장애(PTSD, Posttraumatic Stress Disorder)는 트라우마 이후의 반응 유형으로 오늘날 많은 사람에게 점점 더 알려지고 있다. 어떤 사람들은 트라우마의 심리적 반응으로 외상후 스트레스 장애를 떠올리지만 외상후 스트레스 장애는 좀 더 좁은 범위의 트라우마에 의한 스트레스 반응이다.

미국의 정신질환 측정도구인 DSM(Diagnostic Statistics Manual)-V에 따르면 외상후 스트레스 장애는 사람이 실제적·위협받는 죽음 또는 심각한 부상, 또는 성폭력에 노출된 사건을 직접

적으로 경험하거나, 다른 사람들에게 일어나는 것을 생생하게 목
격하거나, 트라우마 사건이 가족, 친척 또는 친한 친구에게 일어
난 것을 알게 되었을 때와 관련된다(A). 트라우마 사건이 트라우
마에 관한 침범적 사고와 기억, 고통스러운 꿈으로 지속적으로
재경험(reexperiencing)되며(B), 트라우마와 관련된 기억, 생각
또는 감정을 회피(avoidance)하며(C), 트라우마가 일어난 후에
시작되거나 악화된 인지와 감정의 두 가지 이상의 부정적 변화를
보이며(D), 분노폭발, 무모하거나 자기 파괴적 행동, 과각성과 놀
람 반응, 집중력의 문제, 수면 교란과 관련된다(E). 이 같은 증상
(B, C, D 그리고 E)의 기간이 1개월 이상 지속될 때 이를 외상후
스트레스 장애라고 부른다.6 이러한 조건들을 만족시켜야 하기
때문에 외상후 스트레스 장애는 좁은 범위의 외상후 반응이라고
할 수 있다. DSM-V에 따르면 미국에서 외상후 스트레스 장애의
유병률은 75세까지 예상 생애 위험률이 8.7% 정도 된다.

　일반적으로 트라우마가 일어난 직후 외상후 스트레스를 겪는
많은 사람이 시간이 지남에 따라 만성적인 외상후 스트레스 장애
로 발달하지는 않는다. 그러나 1개월 이상의 외상후 스트레스 장

---

6 APA(American Psycatric Association), 권준수 외 옮김,『정신질환의 진단 및 통
　계편람 제5판』(Diagnostic and Statistical and Manual of Mental Disorders 5th
　Edition)(서울: 학지사, 2015), 169-170.

애로 발달될 때, 외상 기억의 재현은 한 번 고착되면 되돌리기 어려운 2차적인 생물학적 변화를 만들어낸다. 이 2차적인 신경학적인 변형과 민감화가 지속적으로 정신적 고통을 야기한다. 다른 말로 하면, 만성화된 외상후 스트레스 장애는 되돌리기 어려운 신경학적 변화를 만들어낸다.

생물학적으로 외상후 스트레스 장애는 대뇌번연계에서 의미 있는 변화를 보인다. 첫 번째로 만성 외상후 스트레스 장애를 겪는 사람들에게서는 '감소된 해마의 부피'를 보이며, 두 번째로 편도체의 과도하게 민감한 활동과 언어 구사와 관련된 브로카 영역의 감소된 활동을 보인다.[7] 감소된 해마의 부피는 정보처리와 기억의 기능을 방해할 뿐 아니라 외부 자극을 과도한 위협의 환상으로 만들어낸다. 편도체의 과도하게 민감한 활동은 신경 흥분과 인내하는 행위에 지속적인 변화를 생산한다. 이러한 신경학적인 변화는 외상후 스트레스 장애를 장기화하고 개인의 의지만으로 치료하는 것을 어렵게 만든다.

트라우마 사건의 경험은 신체증상장애(Somatic Symptom Dis-

---

7 Van der Kolk, McFarlane, and Weisaeth, van der Kolk Bessel A., Alexander C. McFarlane, and Lars Weisaeth, eds. *Traumatic Stress: The Effects of Over-whelming Experience on Mind, Body, and Society* (New York: The Guilford Press, 1996), 295.

order)를 일으킬 수 있다. 정신신체화 현상으로 불리는 신체증상 장애는 정신적인 갈등과 고통이 일상에 지장을 줄 정도로 하나 이상의 신체적 고통으로 지속적으로 나타나는 것을 가리킨다. 정신의학상에서 신체증상장애는 두통, 복통, 근육통, 피로, 메스꺼움 등의 증상이 6개월 이상의 지속되는 신체적 고통을 지칭하며, 이러한 신체 증상 또는 건강 염려와 관련된 과도한 생각과 느낌 또는 행동으로 표현되는 것을 말한다.[8]

특히 어린 시절 당한 학대 경험은 신체화 현상과 깊이 연결된다. 신체증상장애는 문화적인 측면과도 관계되는데 한국문화와 같이 자신의 고통을 남에게 토로하기 어렵고 자신의 속마음을 억제하는 문화에서는 정신적인 고통이 신체적 고통 현상으로 나타나기 쉽다. 한국인들이 갖는 울화병은 이러한 문화적 측면의 정신신체화 현상이라고 할 수 있다.

트라우마 사건의 경험은 알코올이나 마약 같은 중독물질에 의존하게 만든다. 트라우마를 경험한 후에 많은 생존자가 술 또는 마약 같은 물질에 의존해 정신적 고통을 스스로 완화하는 방식으로 사용하려고 하기 때문에 트라우마 사건의 경험은 약물의 사용과 관련된다. 또한 알코올이나 마약 같은 물질의 지속적인 사용

---

8 APA, 『정신질환의 진단 및 통계편람 제5판』, 333-335.

은 트라우마에 의한 재희생화(revictimization)를 만들 수 있다. 한
국 사회에서 트라우마를 경험한 이후에 많은 성인 생존자가 알코
올을 트라우마의 고통을 완화하는 용도로 사용하고 있으며, 특히
남성 생존자들은 더 자주 기억의 침범과 불면증 등의 고통을 다루
기 위해 알코올에 의존한다.

　트라우마의 고통은 성격과 정체성의 변화를 야기한다. 특히
아동학대와 가정폭력 같은 반복적이고 지속화된 트라우마의 경
험은 한 개인의 성격과 정체성을 변화시킨다. 트라우마 연구에서
는 일회적이 아닌 반복적이고 지속적으로 일어난 트라우마를 복
합성 외상후 스트레스 장애(Complex PTSD)라고 부른다. 이러한
만성화된 외상성 스트레스 장애는 아동학대와 가정폭력, 고문과
강제수용소 등의 환경에서 일어날 수 있다. 이러한 복합성 외상
후 스트레스 장애는 더 다양하고 심각한 인지적 · 정서적 · 관계적
· 신체적 증상들을 야기할 수 있으며, 생존자의 성격과 정체성 형
성에 병리적인 영향을 주는 것으로 나타난다.[9] 만성화된 아동학
대 생존자는 자율성과 정체성 형성에서의 혼란과 자기감의 파편
화와 가해자에 대한 병리적인 의존을 보인다.

---

9 Judith L. Herman, "Complex PTSD: A Syndrome in Survivors of Prolonged
　and Repeated Trauma," *Journal of Traumatic Stress* 5 (July 1992), 377-391.

【트라우마 연구와 트라우마 이후의 성장】

인간의 삶에서 트라우마는 오랜 역사를 갖고 있지만 현대 트라우마 연구가 시작된 것은 오래되지 않았다. 트라우마에 관한 과학적 연구가 본격화된 것은 전쟁으로 인한 퇴역군인들에 대한 치료에서부터다. 1970년대 미국에 베트남전 참전 군인들이 귀환하고 이들의 외상후 스트레스가 미국 사회의 주요한 문제가 됨에 따라 1980년대부터 트라우마 연구가 본격화된다. 심리학과 정신의학 분야에서 트라우마 연구가 본격화된 것은 한 세대를 조금 넘는다고 할 수 있다. 그러나 1980년대 이후 트라우마 연구는 비약적으로 발전하여 트라우마연구(Traumatic Stress Stuies)가 하나의 학문분야로 정착되었고, 국제적인 학술잡지로 *Journal of Traumatic Stress*가 발간되고 있다.

1980년대 이후의 트라우마 연구의 주안점은 극심한 정신적 스트레스를 겪고 있는 트라우마 생존자의 병리적 증상과 그것의 측정과 진단, 치료를 위한 다양한 인지적·정서적 심리치료방법과 약리적인 치료 그리고 신경과학적(neuroscientific) 연구에 주안점이 있어왔다. 그러나 학자들은 2000년대 들어와서 트라우마가 한 개인의 삶에 큰 정신적 충격과 고통을 주지만 그것을 극복하는 과정을 통해 자기 자신의 변화와 삶의 의미와 목적에 대한 긍정적 변화를 야기할 수 있다는 점에서 트라우마 이후의 성장(Posttraumatic Growth)에 주목하고 있다. 트라우마가 개인의 영혼에 큰 도전과 고통과 시련을 주지만 그것을 극복하는 과정을 통하여 트라우마의 생존자는 자신과 인생을 새롭게 해석하고, 더 큰 긍휼과 지혜를 갖고 사람을 대할 수 있게 되며, 이전과 다른 세계관과 삶의 철학을 갖는 존재론적인 변화를 할 수 있다고 한다. 우리는 종교 속의 위대한 인물들과 신화 속의 영웅들의 이야기에서 그들이 인생의 트라우마와 시련의 도전을 통하여 존재론적이고 영적인 변화를 하고 돌아와 사람들에게 더 큰 지혜와 자비와 희망을 전하는 많은 이야기들을 만날 수 있다. 그런 점에서 트라우마는 한 개인에게 있어 큰 정신적 고통과 인생의 시련을 의미하기도 하지만, 한 인간을 존재론적으로 새롭게 변화시키고 성장하게 만드는 전환적 사건이 될 수 있다. 트라우마 이후의 성장이란 트라우마로 인한 이러한 긍정적 변화와 성장을 의미한다.

제2장

불안의 이해 — 핵심감정

1. 인간 무의식에 대한 이해

이 장에서는 인간의 무의식에 꿈틀대고 있는 '불안'에 대해 이해해볼 것이다. 그 방법으로 오스트리아의 정신분석학자 지그문트 프로이트가 제시한 '핵심감정'을 들여다볼 것이다.

프로이트는 인간의 정신과 성격을 이해하는 데에 큰 공헌을 했다. 그중 무의식을 이해할 수 있는 주제인 핵심감정과 관련하여 어린 시절, 즉 탄생에서 영아기와 유년기(0~6세)의 경험이 우리의 성격과 정신을 형성하는 데 매우 중요한 시기라는 점을 밝혔다. 또한 그는 인간 행동에 큰 영향을 주는 무의식의 영역을 체계적으로 설명했다.

제2장 _ 불안의 이해 — 핵심감정 • 47

무의식의 영역은 프로이트 이전부터 알려져 있었지만, 체계적인 지식으로서 무의식을 연구하고 설명한 것은 그가 처음이었다. 프로이트는 사람의 지각과 인식 활동으로 마음에 나타나는 어떤 표상을 통해 의식하는 부분인 의식(consciousness)의 영역이 생애 초기부터의 인간 경험에 비하면 빙산의 일각이라고 여겼다. 의식의 영역은 사람의 사고와 감정, 의지와 경험을 포함한다. 이러한 의식적인 부분과 달리 인간 경험의 많은 부분이 잊히거나 억압되어 무의식의 영역에 남아 있거나 잠재되어 있다고 보았다. 그는 지형학적인 설명을 통해 잠재되어 있어 어느 때고 의식의 영역으로 다시 출현할 수 있는 부분을 '전의식'(preconscious-ness)이라 불렀다. 전의식이란, 비유하자면 드러난 빙산 바로 아래 물밑에 잠겨 있는 부분이라고 할 수 있으며, 의식적인 회상의 노력을 통해 기억할 수 있는 부분이다. 또한 그는 의식에서 멀리 떨어져 단절되어 있는 부분을 '무의식'(unconsciousness)이라 불렀다. 무의식이란 바다 밑에 깊이 숨어 있는 빙산의 아래 커다란 얼음기둥 같은 부분이다. 이곳에 수용되기 어려운 성적 욕망과 공격적 욕구, 비합리적인 소망과 이기적인 욕망 등이 저장되어 있다. 프로이트는 이러한 무의식 세계의 욕구와 충동은 억압되어 있어 일상생활에서 인지하기 어렵지만, 꿈과 환상, 말실수와 농담 등을 통해 인지될 수 있다고 여겼다.

무의식에 대한 프로이트의 해석을 이해하려면 '쾌락원리'(the pleasure principle)에 대해 알아야 한다. 그는 인간의 무의식 세계는 쾌락원리로 작동한다고 말한다. 그는 무의식의 세계가 빙산 아래의 심연처럼 접근하기 쉽지 않은 곳이며, 그곳에 금지된 성욕과 공격성 같은 인간의 본능적 욕망, 억압된 기억과 느낌이 살아 꿈틀댄다고 말한다.

프로이트는 생애 후반기에 의식과 전의식과 무의식의 지형학적 이론을 수정하여 원본능(id)과 자아(ego)와 초자아(superego)의 성격의 삼원구조론을 제시한다. 프로이트에 따르면 원본능은 무의식 기능의 중요한 부분을 차지하는 본능적 충동의 저장소로서 쾌락원리를 따르게 된다. 반면, 현실과 외부 세계의 요구와 이드의 충동을 조정하고 통제하는 역할을 하며 정신 과정을 일관성 있게 조직화하는 자아는 기본적으로 현실 원리(the reality principle)에 따라 움직인다. 즉 인간의 본능적 욕망은 자아의 현실 세계에 대한 인식을 통해 제어될 수밖에 없다는 것이다. 그러나 부모의 가치관과 사회 규범을 내면화한 초자아는 양심과 죄의식 등의 도덕 원리로 작용한다고 말한다.

프로이트는 무의식이 늘 움직이고 있는 동태적인 것일 뿐 아니라 욕망과 생각, 감정과 충동의 격앙된 정신 활동이 이루어지고 있는 역동적인 것으로 파악했다. 그래서 그는 무의식에서 일어나는 이러한 욕망과 충동과 느낌이 인간의 생각과 느낌과 행동에 큰 영향을 준다고 생각했다. 프로이트가 주장처럼 실제로 무의식의 욕망과 공격성은 인간 행동을 결정하는 데에 매우 중요한 역할을 한다.

프로이트가 무의식에 중요하게 작용하는 것으로 본 요소로는 성적 욕망과 공격성, 수치스러운 경험과 불유쾌함, 고통스러운 경험 등 삶의 아픔과 관련된 기억들이나 느낌들이다. 그는 기본적으로 이러한 금지된 욕망과 충동이 무의식에 억압되거나 고통과 관련된 기억들이 무의식에 고착되어 그 잔재가 남아 유사한 상황에서 재현된다고 말한다. 무의식에 억압된 갈등이나 고통을 촉발할 수 있는 다른 스트레스 상황에 직면할 때 그것들이 다시 극심한 스트레스로 반복되어 나타난다는 것이다. 이를 프로이트는 '반복강박'(repetition-compulsion)이라는 용어로 설명한다. 사람은 어린 시절에 경험한 심리적 갈등을 반복할 뿐 아니라 이전의 심리적 불유쾌함과 고통스러움을 현재의 경험에서 반복하는 집요한 경향이 있다는 것이다. 그러므로 프로이트는 무의식의 감옥속에 갇혀 있는 억압된 갈등의 뿌리를 찾아 그 사슬을 풀어주고 그 억압된 것을 의식으로 다시 불러오면, 즉 무의식을 의식화하면 정신적인 증상과 고통을 치료할 수 있다고 말한다.

【신화와 무의식】

신화 속 이야기는 인간 무의식의 욕망과 충동을 담고 있다. 그리스 신화에 나오는 타르타로스(Tartaros) 신화는 인간 정신의 무의식 측면을 잘 반영한다.

그리스 신화에서 타르타로스의 구덩이와 지진과 해일에 관한 이야기는 그리스인들의 자연세계의 신비에 대한 상상력을 통한 신화적 설명일 뿐 아니라 의식의 세계 너머 더 깊은 곳에 숨어 있는 심연의 무의식의 세계를 암시해주는 것으로 볼 수 있다.

태초의 신인 우라노스(Uranos)와 가이아(Gaia)가 하늘과 땅의 신이면서 물질적 공간으로서 하늘과 대지를 의미하는 것과 마찬가지로 타르타로스도 태초의 신이면서 공간으로서 천상의 반대편에 있는 지하의 심연을 의미했다. 그래서 고대 그리스인들에게 타르타로스는 지하의 심연이면서 징벌을 받는 존재들이 갇혀 있는 감옥을 상징했다.

그리스 신화에서 올림포스의 주신인 제우스는 과거 세대를 상징하는 티탄족들 및 거인족들과 전쟁을 하고 승리한 후에 그들을 타르타로스의 구덩이에 묻어버린다. 그러나 그들은 지하의 심연에 갇혀 있지만 완전히 사라진 것은 아니었다. 그리스인

들은 타르타로스에 갇혀 있는 티탄족들이 불안을 야기하는 소리
와 거인족들이 몸을 들썩거리는 몸짓이 지진이 되었고, 그들의
뜨거운 숨결은 화산이 되었으며, 대지와 바다에서 끊임없이 지
진, 해일과 용암을 일으킨다고 생각했다.[1]

2. 핵심감정이란 무엇인가?

감정은 우리의 마음을 구성하는 데에 생각과 사고, 의지적인 부
분과 함께 중요한 역할을 한다. 기쁨과 슬픔, 두려움과 평온함, 외
로움과 만족감 등 다양한 감정은 우리의 정체성과 성격을 표현하
고 우리의 삶을 결정하는 데에 주도적인 역할을 한다.

　　인간은 이성적이고 의지적인 존재이기 이전에 매우 감정적인
존재이다. 여기에서 논의하는 핵심감정(nuclear emotion)이란 사
람의 무의식에서 지배적으로 작용하는 정서를 가리킨다. 즉 핵심
감정은 어린 시절에 중요한 타자와의 경험에서 해결되지 않고 남
은 갈등관계를 통해 형성되기 시작하여 현재에 이르기까지 지속

---

1 데보라 카바니스 외, 박용천·오대영 옮김,『정신역동적 정신치료: 임상 매뉴얼』(서
　울: 학지사, 2015), 29.

적이고 반복적으로 나타나는 핵심적인 느낌이라고 할 수 있다.

핵심감정에 관련하여 포스트 프로이트(post-Freudian) 정신의학자인 레온 사울(Leon Saul)은 탄생에서 6세에 이르는 시기 동안 정서적 힘들의 상호작용에 의해 형성되는 "역동적인 감정 세력의 균형"을 "아동기 감정 양식"(childhood emotional pattern) 또는 "핵심적인 감정적 결성"(nuclear emotional constellation)이라고 불렀다.[2] 레온 사울이 말하는 아동기 감정 양식이 바로 핵심감정인데, 인간은 5~6세까지의 인생의 초기에 중요한 다른 사람들과의 관계에 의한 감정적 힘들의 상호작용에 의해 일정한 감정 패턴이 형성되고, 이것이 성인이 되어서도 지속된다는 것이다. 사울은 어린 시절의 경험에서 형성된 핵심감정이 우리 인격의 핵심과 정서적 문제의 뿌리가 된다고 말한다.

이러한 양식은 일단 형성되면 눈에 보이지는 않더라도 개인의 나머지 생애 동안 그 핵심 부분이 지속된다. 프로이트가 말한 바와 같이 우리가 겪어온 아동기 경험은 우리 모두의 마음속에 살아 있게 된다. 이러한 아동기 경험이 인격의 핵심이다. 우리의 0~6세 양식은 우리의 운명이며, 어떤 사람에게는 고결

---

2 레온 사울, 이근후·박영숙·문홍세 옮김,『인격형성에 미치는 아동기 감정양식』(서울: 하나의학사, 1999), 28.

한 정신의 기초가 되고, 다른 사람에게는 여러 가지 정신병리의 기초가 된다. 그것들은 정신, 신체적 문제, 신경증, 정신증, 도착증, 약물중독 그리고 개인적인 적개심으로 표현되거나 공공연한 범죄로 표현되거나 정치적인 것으로 합리화되거나 어떤 가치 있는 이유가 붙여지는 범죄로 표현되어 나타난다.[3]

정신의학자인 이만홍은 핵심감정이 드러내는 주요한 특징으로 다음과 같은 측면을 이야기한다.

첫째, 핵심감정은 우리의 무의식 속에 묻혀 있는 어린 시절에 형성되어 성장한 후에도 성숙하지 못한 어린 시절의 감정 양상으로 아주 어린 시절에 겪었던 경험에서 생긴 좌절, 갈등, 양가감정, 우울, 분노, 외로움, 슬픔, 미처 성취해보지 못한 본능적 충동과 같은 것들에서 비롯된 것이다. 그래서 인격이 원만하고 건강한 사람에게 핵심감정은 뚜렷하지 않지만, 인격이 미숙하고 심리적으로 결핍이 있는 사람에게서 핵심감정은 더 뚜렷이 발견된다.

둘째, 사람의 얼굴이 다르듯이 핵심감정은 사람마다 모두 다른데, 핵심감정과 그것이 문제로 드러나는 상황도 각각 다르다. 그것은 마치 잠긴 자물쇠를 열려고 할 때 그것에 맞는 열쇠가 필

---

3 위의 책, 40.

요하듯이, 특수한 현재의 상황이 이미 내적인 무의식적 갈등으로 가지고 있는 자물쇠와 같은 마음에 마치 열쇠처럼 들어와 박히면서 문제를 일으킨다는 의미에서 '열쇠-자물쇠 기제'(key-lock mechanism)가 작동한다. 그런 점에서 정서 문제의 핵심은 사람의 외부에 있는 것이 아니라 그 사람의 내부에 이미 존재하고 있다.

셋째, 핵심감정은 일생에 걸쳐 아주 끈질기게 반복되며, 삶을 살면서 조금은 완화될 수 있지만 일생에 걸쳐 잘 고쳐지지 않는다.[4] 그런 점에서 핵심감정은 습관화된 감정 양식 또는 정서적 패턴이라고 할 수 있다. 세 살 버릇 여든까지 간다는 속담처럼 어린 시절 형성되어 쉽게 바뀌지 않는 마음의 습관이라고 할 수 있다.

심리 내적인 감정으로서 한 번 형성된 핵심감정은 그 사람의 심리 내면과 인간관계 같은 행동에 지속적으로 영향을 미친다. 특히 정서적으로 문제가 되는 것은 우리가 어린 시절 성장 과정에서 충격을 받거나 결핍된 경험이 지속적으로 반복되어 핵심감정이 형성되었을 때, 그 핵심감정은 아이가 성인으로 성장하면서 신경증과 정신신체화증상, 중독 같은 정신 병리의 문제를 일으키는 중요한 토대로 작용한다.

사울은 특히 6세 이전의 "배척, 박탈, 과잉보호, 유혹, 죄의식,

---

4 이만홍 · 황지연, 『역동심리치료와 영적 탐구』, 32-37.

수치감을 유도하는 정신적 취급이나 신체적 위협 및 학대, 또는 이러한 점들의 혼합 그리고 또 다른 태만이나 과실에 의한 잘못된 양육방식"이 신경증적 감정 세력의 상호작용 양식을 만들고 이러한 양식은 일생 동안 지속된다고 말한다.5 어린 시절 아이가 체험한 학대와 박탈 등의 잘못된 양육 경험 문제가 그 아이의 부정적인 핵심감정을 형성하는 데 가장 중요한 원인이 된다는 것이다.

결과적으로 이러한 핵심감정이 한 개인의 내면에서 계속 반복되면서 변화되지 못하고 성장할 때, 그 사람은 신경증적인 성격을 드러내거나 미성숙한 인격의 모습을 보이게 된다. 어린 시절 양육 과정의 문제로 결핍이 심한 핵심감정이 인간의 내면을 과도하게 지배하는 상태가 바로 신경증적 불안이라고 할 수 있다. 그런 점에서 골이 깊게 패인 핵심감정은 특수한 정서적 취약성을 갖게 만든다. 이 정서적 취약성이 특정한 상황에 의해 자극될 때 강렬한 신경증적 불안과 스트레스 반응이 나타난다.

다음 사례는 이러한 핵심감정이 성인이 된 뒤에도 반복되며 신경증적인 불안을 야기하는 상황이다.

G는 어린 시절 두 살 터울의 언니와 함께 부모님에 의해 양육

---

5 레온 사울, 『인격형성에 미치는 아동기 감정양식』, 29.

되며 성장했다. 그런데 G가 세 살 때 언니가 트럭에 치여 죽은 교통사고가 일어났다. 이 사고로 인해 함께 자라던 언니는 G의 곁을 영원히 떠났고 어머니는 그 충격으로 심한 우울증을 앓았다. 어머니는 우울증이 더 심해져서 정신병원에서 치료를 받기 위해 G의 곁을 6개월 정도 떠나 있었다.

어린 시절에 G가 겪은 이 일은 G의 심리 내면에 깊은 골을 냈다. G는 현재 40대 중반으로 학원 사업을 하고 있는데 함께 있던 강사들이 사임을 하고 G의 곁을 떠나는 이별을 할 때면 심한 불안감을 느낀다. 학원에서는 강사들의 이동이 빈번하여 그런 일들이 일반적으로 흔히 일어나고, 이미 여러 차례 같은 일을 경험했다. 그러나 이전에 함께 일했던 사람들이 자신을 떠나는 일들이 생길 때마다 G의 마음속에는 원인을 알 수 없는 심한 불안감과 외로움의 고통이 생겨났다.

위의 경우와 같이 어린 시절 가장 가까운 대상이었던 언니와 엄마와의 이별을 급격한 박탈을 통해 경험했던 한 사람에게는 현재 다른 사람들과의 이별이라는 촉발적인 상황이 어린 시절의 무의식적인 상처와 연결되며 내면에 있던 핵심감정의 과도한 지배를 드러내게 만든다. 다른 사람들에게는 큰 스트레스와 갈등이 되지 않는 일이 어린 시절 사랑하는 사람이 박탈되는 고통을 경험한 사람에게는 심한 스트레스와 불안감을 야기하는 근원이 된다. 그런 점에서 어린 시절 양육 과정의 문제로 한 사람의 내면에서 이미 생긴 정서적 취약성이 어떤 현실적인 외부 스트레스 상황에 맞부딪칠 때마다 반복적으로 신경증적 불안에 휩싸이게 만든다.

병리적인 핵심감정이 지배적으로 나타나서 과도한 긴장과 스트레스가 지속될 때 이것은 신체장애 형태로 나타난다. 흔하게는 긴장성 두통과 신경성 위장장애, 과민한 대장증상, 근육통, 육체적·정신적 피로 등의 다양한 신체 증상으로 나타날 수 있다. 또한 고혈압과 심혈관계 질환 등 좀 더 만성화된 질환으로 나타날 수도 있다.

불안과 과도한 스트레스는 잠을 이루지 못하게 하는 원인이 되기도 한다. 불면증은 잠을 잘 수 있는 충분한 시간이 있음에도 불구하고 잠들지 못하거나 일정한 시간의 수면을 유지하는 데에 문제가 있어 낮 동안의 인체 기능에 손상을 가져오는 것이다. 불면증은 이사, 직장의 변화, 시차 부적응, 사랑하는 사람과의 사별 등 다양한 원인으로 발생할 수 있지만, 가장 흔한 원인은 불안과 스트레스다.

부정적인 핵심감정의 과도한 지배는 불안의 근본 원인으로서 스트레스를 촉발하여 잠을 편히 이루지 못하는 요인이 된다. 잠을 잘 이루지 못하는 요인이 현재의 촉발적인 스트레스 상황이라

고 생각할 수 있지만, 그 이면에는 핵심감정의 문제가 더 근본 원
인이다.

【신화 속 양가감정 — 오이디푸스 콤플렉스】

테베의 왕 라이오스와 왕비 이오카스테의 아들로 태어난 오이
디푸스는 그가 크면 아버지를 죽일 것이며 어머니와 잠자리를
한다는 델포이 신전의 신탁을 받고 태어난다. 아버지 라이오스
왕은 예언에 대한 두려움으로 양치기 경호병에게 아들 오이디
푸스를 죽이라는 명령을 내리지만 경호병은 어린 오이디푸스를
코린트의 양치기에게 넘겨준다. 오이디푸스는 코린트의 양치기
에 의해 코린트 왕 폴리보스의 아들로 성장한다.

장성한 오이디푸스는 자신이 폴리보스 왕의 아들이 아니라
는 사실을 알게 되고 자신의 근본을 알기 위해 델포이 신전을 찾
아간다. 그곳에서 자신이 아버지를 죽이고 어머니와 짝할 것이
라는 운명의 예언을 들은 오이디푸스는 운명을 피하기 위해 고
향 코린트를 떠나기로 결심한다. 그러나 그는 테베로 가는 길에
델포이 신전으로 가는 마차에 타고 있던 아버지 라이오스 왕을

살해하게 된다.

　테베를 위협하던 스핑크스의 수수께끼를 푼 오이디푸스는 테베의 왕이 되었고, 선왕비 이오카스테를 얻게 되었다. 그러나 테베를 위협하던 역병으로 인해 마침내 자신이 아버지를 살해하고 어머니와 결혼했다는 것을 알게 된다. 어머니이자 아내인 이오카스테는 스스로 목을 매 자살하고, 오이디푸스는 괴로움으로 자신의 눈을 찔러 장님이 되고 만다. 오이디푸스는 테베에서 추방을 당하여 긴 방랑의 길을 걷게 된다.

　프로이트는 어린 남자아이에게 있는 어머니에 대한 사랑과 아버지에 대한 경쟁심으로 인한 미움의 감정을 오이디푸스 신화를 차용하여 오이디푸스 콤플렉스라고 설명했다. 그는 어린 시절 자신이 경험했던 어머니에 대한 사랑과 아버지에 대한 질투와 미움의 감정을 오이디푸스 신화의 이야기로 설명하고, 모든 남성이 이러한 감정을 발전시킨다고 생각했다. 프로이트는 오이디푸스 콤플렉스가 나타나는 시기를 아동의 발달 과정에서 남근기(약 3~6세 사이의 아동기)로 본다. 이 시기 남자아이는 어머니에 대한 사랑과 관심을 독차지하고자 하는 마음에서 아버지에게 미움의 감정을 가지며, 동시에 자기보다 더 강한 아버지에게 거세당하는 두려움의 감정을 느낀다고 보았다.

프로이트는 이 시기 아이는 아버지의 존재를 인정하고, 아버지와 같은 사람이 되고자 하는 아버지와의 동일시를 통해 오이디푸스 콤플렉스를 극복하게 된다고 생각했다. 또한 이 오이디푸스적 갈등을 극복하지 못할 때 그것이 신경증의 원인이 된다고 주장했다.

3. 핵심감정의 발견과 무의식의 불안 이해

우리의 마음이 과도한 정서적 지배에서 벗어나 건강하고 성숙한 발달을 이루려면 어린 시절부터 형성된 핵심감정을 발견하고 이해하는 것이 필요하다.

레온 사울은 치료의 핵심은 먼저 아동기 감정 패턴, 즉 우리 정신의 내면세계에 존재하고 있는 설계도와 같은 핵심감정을 이해하는 것이라고 말한다. 그는 무엇이 고장 났는지 모르면 삐걱거리는 문을 고칠 수 없는 것처럼, 그 문제의 원인을 모르면 핵심감정에서 파생되는 마음의 고통과 성격과 인간관계의 문제를 해결할 수 없다고 말한다.[6] 우리의 어린 시절 가장 중요한 사람들과의 반복적인 관계로부터 형성되어 현재 마음의 고통의 원인이 되고, 다른 사람들과의 관계에 습관이 되어버린 아동기 감정의 패턴을 깨닫는 것이 중요하다.

우리는 민감한 관찰자가 되어 자신이 정서적으로 민감하게 반응하는 상황이 어떠한 상황인지 생각하고, 그때 느끼는 감정이 무엇인지를 이해하는 것이 필요하다. 또 많은 것을 기억할 수는 없지만 어린 시절의 기억으로 돌아가 부모처럼 중요한 사람들과의 관계에서 일어났던 일과 그때 느꼈던 감정과 그 이후로 지금까지 지속되고 있는 감정이 무엇인지를 생각해볼 수 있다.

구체적으로 레온 사울은 출생 후 6세까지의 삶에서 당신의 주요한 감정 특징은 무엇이었는지 그리고 2세나 3세까지 거슬러 올라갈 수 있다면 사소하고 불확실한 기억의 단편들을 통해 '최초의 기억'(earliest memories)이 무엇이었는지 질문해보라고 말한다.[7]

다음은 한 사람이 어린 시절의 핵심감정을 발견한 글이다.

제 어린 시절 핵심감정은 항상 외로움과 고독이었습니다. 어릴 적 집안이 보수적인 편이라 침묵을 미덕이라고 생각하셨던 부모님의 영향으로 말이 별로 없었습니다. 외동딸인 데다가

---

6 레온 사울, 천성문 외 옮김 ,『아동기 감정양식과 성숙』(서울: 시그마프레스, 2006), 277.
7 레온 사울,『아동기 감정양식과 성숙』, 47-48.

부모님이 맞벌이를 하셔서 두 살 때부터 유치원에 맡겨졌고, 낯가림도 심한 편이었습니다. 부모님과의 애착은 있었지만 안정감은 없었던 것 같습니다. 부모님과 나이 차가 많이 나는 편이어서 친구 같은 부모님도 아니었고, 외동이었기 때문에 교우관계가 어려웠습니다. 친구를 사귀는 법을 전혀 몰랐고, 활발한 편도 아니었습니다. 부모님은 일찍 출근하고 늦게 퇴근하셔서 유치원에서도 가장 일찍 등교하고, 가장 늦게 집에 가는 아이였습니다. 저 때문에 유치원 선생님이 퇴근을 못하는 일도 부지기수였고, 그때부터 남 눈치를 많이 봤던 게 기억납니다. 친구들과 놀더라도 친구들이 저녁 먹으러 들어가면 저는 갈 곳이 없었기 때문에 친구 눈치도 많이 보았습니다.

어릴 적부터 맞벌이로 바빴던 부모님은 저를 돌볼 여유가 없었습니다. 제 부모님은 형제자매가 많은 집안에서 태어났고, 자식을 어떻게 양육해야 하는지 신경 쓰지 않고 그냥 잘 성장할 것이라 믿었던 것 같습니다. 사회생활을 했던 엄마는 어린아이의 갈망과 미숙함을 이해하지 못했습니다. 한 번에 알아듣기를 원했고, 실수 없이 한 번에 무엇이든 하기를 바랐습니다. 직장에서 기분 상하는 일이 있으면 집에서는 그 기분을 저에게 표출했고, 저는 매일매일 다른 감정 기복에 상처를 받았습니다. 한두 시간이면 다시 온다는 약속도 항상 지켜지지 않았고, 그래서 늘 버려질까 두려웠습니다. 그 약속을 지켜 주지 않은 것이 나중에는 엄마의 말은 믿지 못하는 불신으로 이어졌습니다.

초등학교 시절에는 애착이 엄마보다는 친구에게 가 있었습니다. 친구들과 놀더라도 결국 저는 혼자 남겨졌고, 그로 인해 항상 뭔가를 주체적으로 한다기보다는 친구들이 하자는 데로 맞춰주는 걸 좋아했고, 따라하는 걸 좋아했습니다. 형제자매가 있는 사람들과 달리 저는 항상 유행에도 뒤쳐졌는데, 어릴 적 부모님의 돌봄도 받지 못했기 때문에 어떻게 해야 하는지 몰라서 더 그랬던 것 같습니다. 그래서인지 항상 또래에 비해 교우관계가 가장 어려웠고 잘 어울리지도 못했습니다. 친구들은 저의 미숙함을 감싸주기에는 너무 어렸습니다. 그래서 그것이 또 다른 상처로 계속 이어졌던 것 같습니다.

어린 시절엔 비가 올 때 부모님이 우산을 들고 데리러 오는 친구들이 가장 부러웠습니다. 또래에 비해 집도 학교에서 가장 멀었는데 그럴 때 엄마에게 전화를 하면 직장에 있는 내가 어떻게 거길 가냐며 오히려 저에게 화를 내는 일이 더 많아서 항상 비를 맞으면서 하교했습니다.

다른 기억 중 하나는 2층 정도 높이에서 떨어졌는데 다리가 움직일 수 없어 일어나지 못했습니다. 너무 아파서 울다가 아무리 울어도 구해줄 사람이 없다는 것 알고 울지도 못하고 몇 시간 동안 그 자세로 앉아 있었던 기억이 납니다.

중학교 때에 이르러 엄마는 직장 내에서 어느 정도 자리를 잡게 되었다. 그러면서 그 관심이 저에게로 돌아왔으나 저는 오히려 그것을 못마땅하게 여겼습니다. 그것이 엄마에게 분노로 표출되었고, 언제부터인가 "엄마가 나한테 해준 게 뭐 있어? 왜 이제 와서 그래?"라는 말을 입에 달고 살았습니다.

엄마는 7남매 중 넷째로 자랐고 가난이 지독하게 싫었기 때문에 그 가난을 자식에게 물려주기 싫어 열심히 뛰어다녔다고 합니다. 엄마는 어린 시절 본인이 받았던 상처를 자식에게만큼은 겪지 않게 해주고 싶어 그것을 신경 쓰느라 정작 저에게 필요한 것들을 놓치고 있다는 것을 몰랐습니다. 이해는 했지만 그래도 저는 억울한 마음이 더 컸기 때문에 용서하지 못했습니다.

몇 년에 걸쳐 엄마는 저에게 화해를 요청했습니다. 엄마는 "늘 미안하고 널 항상 사랑한다"라고 말했고 저도 억울했던 부분들을 수년간에 걸쳐 털어놓았고 감정이 표출되면서 어느 정도 치유되었습니다. 늘 마음에만 담아두었던 상처를 터놓고 애기하니 저 스스로 정리도 되었고 마음이 평온해지면서 대화를 통해 해결할 수 있었습니다. 그 과정을 통해 객관적으로 부

모님을 이해할 수 있었습니다. 상처가 치유되면서 저의 자존
감은 어느 정도 회복되었습니다.

부정적인 핵심감정이 우리 마음을 지배하면 트라우마처럼 마
음의 상처와 불안의 원인이 된다. 우리가 상처와 불안으로부터
치유된다는 것은 이러한 핵심감정의 지배에서 더 자유로워지는
것이라고 할 수 있다. 핵심감정은 어린 시절 부모나 친구 등 가장
중요한 타자들과의 관계에서 형성된다. 그렇기 때문에 위의 경우
같이 관계 안에서 자신의 아픈 마음을 이야기하고 토로하며, 그
기억을 새롭게 이해할 수 있을 때 우리는 핵심감정에서 점점 더 자
유로워질 수 있다.

제3장

집착의 이해 — 중독

한국인 다섯 명 중 한 명이 다양한 형태의 중독에 걸려 있다는 통계가 있다. 그처럼 많은 사람이 알코올, 도박, 인터넷, 스마트폰, 성, 소비, 섭식 등 다양한 형태의 집착과 중독으로 고통받는다. 미디어 기술이 발달하면서 청년들은 스마트 미디어에 몰입하고 성인들은 인터넷 도박에 빠지기도 한다. 어떠한 대상에 대한 몰두와 집착이 높은 수준임에도 그것을 중독의 일종이라고 생각하지 못하는 사람들도 많이 있다. 이 장에서는 이러한 물질과 행동 중독 현상을 통해 우리가 갖고 있는 집착과 그 결과를 이해하고자 한다.

우리는 일상생활에서 커피와 차와 콜라와 같은 카페인, 니코틴, 알코올 등 다양한 물질들에 집착하거나 인터넷, 스마트폰, 게임, 소비, 섭식, 일과 성취 등 다양한 행동에 빠져 산다. 물론 많은 사람이 경험하듯이 이러한 물질과 행위에 대한 집착과 몰입에 대해 통제력을 갖고 있고, 삶을 살아가는 데에 해롭게 작용하지 않는다면 우리는 그러한 물질과 행위의 대상들로부터 자유롭다고 말할 수 있을 것이다. 그러나 커피를 마시는 것이 위장질환을 일으키는데도 마시는 것을 줄일 수 없거나, 자신의 음주 습관이 자신의 생활 패턴을 저해하고 주위 사람들과의 관계를 악화하는데도 술을 줄이거나 끊을 수 없다면, 또한 강의실과 직장의 사무실에서도 여전히 스마트폰과 인터넷에서 시선을 뗄 수 없다면 우리는 이러한 물질과 행위에 집착하고 그 대상에 중독되어가고 있는 것이다.

중독은 일반적으로 3C로 정의된다. 즉, 강박적 사용(Compulsive Use), 조절 능력의 상실(Loss of Control), 역행하는 결과에도 계속적인 사용(Continued Use despite Adverse Consequence)으로 정의된다. 물질이나 행위에 중독되면 강박적 욕구와 집착을 가지며, 그 대상의 사용을 조절할 수 있는 능력을 상실하게 된다. 예를 들어, 알코올에 의존하는 사람은 음주를 스스로 절제하며 마실 수 있는 알코올에 대한 조절 능력을 상실하기 때문에 평생 단주를 해야만 한다. 단주를 실천하지 못하면 알코올에 대한 지속적인 집착의 결과로 신체적 질병, 실직, 가정 파괴 등 많은 부정적인 결과에도 지속적으로 음주를 하게 된다.

중독이 갖는 대표적인 특성으로 강박적이고 지속적인 대상에 대한 집착과 통제 능력의 상실에 더해 내성과 금단증상을 들 수 있다. 내성은 같은 만족감을 느끼기 위해 중독 물질 혹은 중독 행위를 더 필요로 하거나 원하는 현상이다. 어떠한 약물을 지속적으로 복용하면 그 약효는 저하되고, 같은 효과를 내려면 더 많은 양의 약물이 필요하다. 병적 도박에 빠진 사람은 시간이 갈수록 더 큰 금액을 배팅하게 된다.

금단은 중독 물질 또는 행위를 중단함으로써 발생하는 정신 · 신체적인 증상을 말한다. 장기간 알코올에 중독된 사람이 음주를 중단하면 발한이나 맥박수가 100회 이상으로 증가하거나, 손 떨림, 불면증, 메스꺼움 및 구토, 일시적인 환시 · 환청, 또는 착각, 정신운동성 초조증, 불안, 대발작을 보일 수 있다.

중독의 다른 특징은 재발 가능성이 높다는 것이다. 단주, 단약 또는 단도박을 시도해도 다시 과거로 돌아가는 재발이 잦다. 그만큼 중독에서 벗어나기 어렵다는 것이다.

중독 치료 전문가인 제랄드 메이(Gerald May)는 내성과 금단증상 이외에 중독의 주요한 특성으로 부정과 합리화 등의 부정적인 방어기제들을 통한 자기기만(Self-Deception)과 중독을 그만두고자 하는 의지의 지속적인 실패로 인한 의지력 상실(Loss of

Willpower)을 언급한다.[1] 즉 중독의 특징은 자기 스스로를 속이는 기만적 사고를 하게 함으로써 스스로를 자위하거나 합리화하게 하고 중독을 극복할 수 있는 의지의 힘을 상실하게 만든다.

많은 사람이 자신은 중독에서 자유로울 것이라고 생각한다. 실제 중독된 사람들이 보이는 일반적인 반응도 중독에 대한 부정 (否定)이다. 삶에서 나타나는 여러 가지 부정적인 결과에도 불구하고 자신은 중독되지 않았다고 생각한다. 중독이라는 용어가 갖는 거부감을 생각할 때 한편으로는 이해할 수 있지만 그것은 중독으로부터의 회복을 방해한다.

이번 장에서는 우리가 실제 일상생활에서 갖는 어떠한 물질 또는 행위 대상에 대한 집착 또는 몰입에 관해 살펴볼 것이다. 다양한 중독 유형을 보면서 자신이 어떠한 형태의 집착과 무절제를 갖고 살아가는지 생각해보고 그것들에서 놓여나는 방법을 모색해볼 것이다.

---

1 제랄드 메이, 이지영 옮김, 『중독과 은혜』(서울: IVP, 2005), 40-47.

1. 중독의 유형

중독의 유형은 크게 물질 중독과 행동(또는 과정) 중독으로 구분해 볼 수 있다. 정신의학적으로는 물질 중독을 물질 사용 장애와 물질로 유발된 장애로 구분한다. 물질 중독은 알코올과 마약과 카페인 등 물질과 관련되며, 행동(과정) 중독은 도박, 인터넷, 성, 쇼핑 등의 행위와 관련된다.

물질 중독은 신체적 증상이 두드러지게 나타나 질병으로 인식된다. 반면 행동 중독은 신체적 증상이 거의 없어 질병이라는 인식 정도가 낮은 편이나 그 폐해는 물질 중독과 마찬가지로 매우 심각하다. 물질 중독과 행동 중독은 중독 물질과 행위라는 차이가 있지만, 실제 그 특성과 매커니즘인 조절 능력의 상실, 강박적이고 지속적인 활동, 내성과 금단현상에서는 거의 유사한 면을 보인다.

1) 물질중독(Substance Dependence/Abuse)

• 알코올중독   모든 형태의 에틸알코올은 의학적으로 같은 효과를 내는데 뇌 중추의 억제제로 작용된다. 한국 성인 중 13.9%가 알코올 의존과 남용을 포함하는 알코올 사용 장애를 갖고 있으며, 이 중 중독에 해당하는 알코올 의존은 5.5%(전 세계 평균은 2.6%)

로 다른 나라보다 상당히 높은 수준의 알코올중독 문제와 위험을 갖고 있다. 실제 한국 사회에서 알코올중독은 심각한 문제다. 이는 술에 관대한 한국의 문화와 직접적으로 관련되며, 실제로 한국인은 아시아 국가들 중 가장 많은 술을 소비한다. 많은 젊은이가 이미 중·고등학교 시절에 술을 마시기 시작하고 대학에 와서는 자연스럽게 술 문화에 빠진다.

한국문화는 술을 마시는 것과 과음하는 것에 대해 관대하기 때문에 대학에 입학한 젊은이들이 술을 절제하며 마시는 것을 배우기보다는 폭음을 하거나 매일같이 술을 마시는 경우도 생기게 된다. 이러한 문제성 음주의 습관이 장기화되면 강박적으로 알코올을 사용하게 되면서 30대에 이르면 알코올 의존증이 생긴다. 알코올에 의존하게 된 사람들은 해로운 심리적·신체적 결과(우울증, 일시적 기억상실, 간장 질환, 위장 질환, 알코올성 치매 등 기타 후유증)가 초래되는데도 계속해서 알코올을 사용하려고 한다. 대개 알코올 사용 장애를 갖고 중독으로부터 회복되지 못하는 사람들의 평균수명은 일반인들에 비해 20년 정도 짧은 것으로 알려져 있다. 알코올 남용의 결과로 학업과 업무 수행에 장해를 겪게 되거나, 자녀 양육이나 가사를 태만히 하게 되고, 가정 내 갈등과 폭력이 생기게 되거나, 학교 또는 직장에 결석/결근을 하거나, 대인관계의 문제나 사회적 문제를 야기하게 된다.

• **카페인중독** 커피 · 녹차 · 홍차 등의 차류, 콜라 · 닥퍼페퍼 · 마운
트듀 등의 탄산수와 핫식스 · 레드볼 등의 에너지 음료류, 진통제
와 감기약, 초콜릿 등은 카페인을 함유하고 있다. 이 중 상대적으
로 커피에 카페인 함유량이 높으며 끓인 커피 100mg(250ml 기
준), 캔커피는 74mg, 커피믹스 69mg, 콜라 23mg(250ml 기준),
에너지음료 62.5mg(250ml 기준)의 카페인을 갖고 있다.

1990년대 말 커피전문점 스타벅스가 한국에 들어온 뒤 한국
의 도시와 대학교 내에서도 커피를 파는 카페를 흔하게 볼 수 있
게 되었고, 커피 소비 인구도 급증했다. 결과적으로 한국인들의
카페인 섭취는 급증하게 되었고, 특히 20대와 30대 젊은 층의 카
페인 섭취량은 더 높다. 한국 식품의약안전청이 권장하는 성인
권장 카페인 섭취량은 하루 400mg 이하이다. 하루에 커피를 4잔
이상 마시는 것은 카페인 과다 섭취로 인한 부작용이 우려된다.

의학적으로 카페인중독의 진단 기준은 먼저 최근 250mg 이
상의 카페인(끓인 커피 기준으로 2~3잔)을 섭취하며(A), 카페인 사
용 중 또는 그 직후에 안절부절못함/신경과민/흥분/불면/안면홍
조/이뇨/위장 관계 장애/근육연축/두서없는 사고와 언어의 흐름
/빈맥 또는 심부정맥/지칠 줄 모르는 기간/정신운동성 초조 중
5개 이상의 증상이 나타나며(B), 이러한 증상이 사회적, 직업적,
또는 다른 중요한 기능 영역에서 임상적으로 심각한 고통이나 장

해를 일으키는 것이다.[2] 그러나 카페인중독은 다량의 카페인을 섭취해도 일어나지 않을 수 있는데 이는 내성이 생기기 때문이다.

• 흡연(니코틴중독)   흡연으로 인한 장애는 궐련, 씹는 담배, 코담배, 파이프, 시가 등 다양한 형태의 담배와 처방된 약물(니코틴 껌과 니코틴 포)을 사용함으로써 발생할 수 있다. 흡연은 많이 알려진 것 같이 성인의 폐질환, 심혈관질환, 암의 주요한 원인이 되고 있다. 그러나 흡연에 중독된 사람은 이러한 신체적 질병에도 불구하고 계속해서 흡연을 한다. 특히 흡연의 경우는 니코틴중독보다는 니코틴 박탈로 인한 금단증상이 현저하게 드러난다. 니코틴에 의존된 사람이 흡연을 중단하면 중단한 후 24시간 안에 과민성, 불안, 집중 곤란, 식욕 증가, 안절부절함 등의 증상이 나타날 수 있으며 이러한 금단증상은 2~3일에 정점을 이루며 2~3주간 지속된다. 이러한 금단증상은 금연을 결심해도 그것을 실천하는 것을 어렵게 만든다.

• 약물(마약)중독   마약 같은 향정신성 약물은 인간 신체의 중추신경계에 영향을 주고 사람의 기분과 사고, 행동과 주위상황에 대

---

2 APA, 『정신질환의 진단 및 통계편람 제5판』, 552.

한 지각에 변화를 가져온다. 약물은 크게 흥분제와 아편류, 억제제와 환각제로 나뉜다. 흥분제 약물로는 코카인과 암페타민, 메스 암페타민이 속하며, 아편류로는 헤로인과 모르핀, 아편, 데메롤이, 억제제로는 알코올이, 환각제로는 LSD, 메스칼린, 엑스터시 등이 있다. 대마초와 해시시 같은 대마류와 흡입제는 이 분류에 해당되지는 않는다.

대개 흥분제는 중추신경계 활동을 증가시키고, 억제제와 아편류는 중추신경계 활동을 저하시키며, 환각제는 다양하고 생생한 감각적 왜곡을 일으키며 기분과 사고를 현저하게 변화시킨다. 마약 사용자는 이러한 약물들을 복용하거나 흡입, 근육과 피부와 혈관주사 등의 방법으로 사용한다. 한국의 마약 사용자는 대략 20~40만 명으로 추산되고 있는데, 지난 2015년에는 사법당국에 잡힌 마약사범의 수가 1만 명을 넘어서 그 수가 증가하고 있다. 특히 여성과 청소년, 외국인 마약 사용자 수가 증가하고 있는 것이 특징이다.

2) 행동/과정 중독(Behavior/Process Addictions)

• **도박중독**   도박은 카지노, 복권, 인터넷 도박, 주식투기, 경마, 경륜 등의 다양한 도박 매체를 통하여 금전과 즐거움을 추구하는 행위를 말한다. 도박중독은 가족관계와 대인관계 그리고 재정적

문제가 심각하게 나타나고 있는데도 자신의 의지로 도박 행위를 조절하지 못하고 지속하는 것을 가리킨다. 도박은 나쁜 습관을 넘어서 그것에 몰두하면 병적 도박(Pathological Gambling)이 된다. 병적 도박은 개인적·가족적·직업적 기능 수행을 저해하는 지속적이고 반복적인 행위이며, 내성(더 큰 금액으로 도박을 함)과 금단증상(도박을 중단하면 긴장하고 과민함)을 동반한다.

한국의 도박중독 인구는 255만 명 정도로 추산되고, 유병률은 선진국들이 약 2% 정도인데 비해 한국의 경우는 5%가 넘는 것으로 나타나고 있어 다른 나라들보다 도박중독의 폐해가 심한 편이다. 다행스러운 것은 2000년대 들어 도박과 관련된 문제가 한국 사회의 중요한 사회 이슈가 되면서 국가적 노력이 결부되어 도박중독율이 2008년 9.5%, 2012년 7.2% 그리고 2016년 5.1%로 점차 감소되고 있다는 사실이다.

• **일중독**   일중독은 과도한 경쟁 속에서 사회적 성공과 성취가 강조되고 장시간 노동이 만연되어 있는 한국 사회에서 흔한 현상이다. 일중독은 단순히 일을 열심히 하는 것과는 다르다. 일중독은 성취 욕구나 마음의 고통으로 인해 강박적이고 과도한 노동을 하며, 그 때문에 발생하는 부정적인 결과에도 일을 멈추지 못하는 것이다.

'일중독'(workaholism)이라는 용어를 최초로 정의했던 목회상
담가 웨인 오츠(Wayne Oates)는 *Confessions of Workaholic: the
Facts about Work Addiction*(일중독자의 고백: 일중독의 팩트)에서
일중독을 건강과 관계와 행복을 손상시키는, 일에 대한 과도하고
통제하지 못하는 욕구라고 말한다.3 일중독에 걸린 사람은 강박
적으로 일을 하기 때문에 일을 하지 않으면 불안해하고, 항상 바
빠야 한다고 느낀다. 실제로 일중독에 걸린 사람들은 일을 생산
적으로 하기보다는 가정생활을 비롯한 건강한 대인관계와 건강
유지와 다른 취미생활 같은 관심을 유지하지 못한다. 결과적으로
그것은 자신의 삶에 부정적으로 작용한다.

• **인터넷과 스마트폰 중독**　요즈음 대학생들이나 일반 직장인들 중
에 스마트폰에 몰두하는 사람들이 많다. 대형 강의실에서 수업시
간에도 열심히 스마트폰을 보고 있는 학생들이 있으며, 직장인들
중에서도 인터넷 사용으로 업무에 집중하지 못하는 경우가 흔하
다고 한다.
　　인터넷중독이란 "인터넷을 과다 사용하여 인터넷 사용에 대

---

3 Wayne E. Oates, *Confessions of a Workaholic: the Facts about work Addiction*
(New York: World Pub. Co., 1971).

한 금단과 내성을 지니고 있으며 이로 인해 이용자의 일상생활 장애가 유발되는 상태"(한국정보화진흥원 스마트쉼센터)[4]를 가리킨다. 대개 인터넷중독자들은 인터넷을 하지 않으면 불안과 우울, 초조감 같은 금단증상에 시달린다. 스마트폰중독도 마찬가지로 스마트폰에 대한 과도한 이용으로 사용이 습관화되어 있고 하지 않으면 불안감과 초조감 같은 내성을 경험하며 가정과 직장에서의 일상생활에 장애를 겪는다.

인터넷과 스마트폰을 통해 사람들은 정보를 검색하거나 모바일 메신저와 소셜미디어(Social Media)를 통한 인간관계 맺기 그리고 게임과 같은 다양한 콘텐츠에 몰입한다. 특히 청소년들과 청년들에게 인터넷과 스마트폰 중독을 일으키는 것은 게임과 소셜미디어 중독이라고 할 수 있다. 게임중독은 인터넷중독 유형 중 가장 빈도가 높다. 특히 가상세계에서 사용자 여러 명이 동시에 참여하는 온라인 롤플레잉게임(MMORPG)은 높은 몰입성을 갖고 있다. 소수의 젊은 사람에게 한정되기는 하지만 유튜브, 페이스북, 인스타그램 같은 소셜미디어중독도 인터넷과 스마트폰 중독의 한 유형이다. 그러나 게임과 소셜미디어의 장시간에 걸친 과도한 사용은 사람을 충동적으로 만들고, 불안과 우울과 외로움

---

[4] http://www.iapc.or.kr/site/summainfo/showGuideInternetDetail.do.

같은 심리적 측면에서 문제를 일으킨다. 또한 학업과 직무에서 업무 능률을 저하하고, 행동적인 면에서도 식사 중이나 운전 중에도 몰두하게 만든다. 그 결과 대인관계에서 고립되거나 갈등을 일으키는 등 일상 업무와 인간관계에 부정적 영향을 줄 수 있다.

이외에도 통제와 조절을 상실한 채 드라마와 스포츠의 과도한 시청 같은 텔레비전 중독, 과식과 비만, 과식과 구토, 또는 과도한 다이어트와 거식증을 일으키는 섭식중독 그리고 충동적인 과다 구매와 과도한 신용카드 사용으로 경제적 어려움을 야기하는 소비(쇼핑)중독, 충동적인 성관계와 포르노 같은 음란물에 탐닉하는 성중독 등을 행위 중독으로 생각해볼 수 있다.

위에서 설명한 중독의 다양한 유형이 오늘날 한국 사회에서 많이 일어나고 있지만, 그 중 알코올, 흡연, 마약, 인터넷, 도박중독을 한국 사회의 5대 중독이라고 일반적으로 일컫고 있다.

2. 중독의 원인과 결과

1) 중독의 원인

중독의 원인에 대해서는 다양한 시각이 존재한다. 서구 사회에서 전통적으로 많이 생각해왔던 것은 윤리적 시각의 원인이다. 즉 중독은 특정 물질과 행위에 집착하지만 절제하지 못하는 인간의 윤리적인 잘못이라는 것이다. 이는 종교적인 시각과 결부되어 있는데, 종교적인 시각에서 말한다면 중독은 타락한 인간 본성으로부터 생긴 죄라고 말할 수 있다.

중독을 나타내는 단어 'addiction'은 라틴어 'addicere'에서 유래하는데, 이 말은 '~에 사로잡히다' 또는 '~의 노예가 되다'라는 뜻을 지니고 있다. 쾌락과 즐거움을 위해 물질과 행동을 추구하다가 그것이 만성화된 습관이 되어 더 이상 통제할 수 없고, 더 나아가 물질과 행동의 노예가 된 상태가 중독이라는 것이다. 그런 점에서 중독을 죄의 시각에서 또는 윤리적 시각에서 볼 수 있는 것이다.

중독은 원인이 다양하기 때문에 어느 범위까지를 도덕적 잘못으로 볼 것인가에 대한 의견 또한 다양하다. 오늘날 중독 치료의 영역에서는 중독을 윤리적 잘못 또는 종교적인 죄라고 말하지는 않지만, 중독의 원인이 유전적이고 환경적인 측면에 있었을지라도 중독자 본인의 책임도 있기 때문에 중독으로부터 회복을 위해서라도 일정 부분 윤리적인 시각에서 보는 것도 필요하다.

중독의 원인을 설명하는 심리적 시각에 따르면 중독은 유년 시절의 트라우마나 충족되지 못한 구강기적 욕구의 결과이거나 심한 심리적 스트레스가 원인이라고 한다. 물질이나 행위를 통제하지 못하고 과도하게 집착하는 것이 상처나 감정의 혼란으로 생긴 불안이나 우울 같은 참을 수 없는 정서를 자기 스스로 치료하려는 시도(self-medication) 또는 정신적으로 해소되지 못한 갈등을 조절하는 시도로 본다.

실제로 알코올 의존자의 경우는 우울과 불안 같은 정신과적 질환의 동반의존을 보이는 비율이 상당히 높다. 실직이나 사별 등 심한 스트레스 상황은 중독 물질과 행위에 몰두하게 하는 원인이 된다. 대학생들과 취업준비생들의 구직의 어려움과 미래에 대한 불안은 한탕주의 도박 유혹에 빠지게 되는 요인이 되기도 하며, 알코올에 의존하게 만들기도 한다. 이러한 심리적 시각에서는 중독을 심리치료 또는 약물치료를 통해 심리적으로 치료해야 한다고 말한다.

발달적 시각에서는 청소년기를 마약과 알코올에 취약성을 갖는 시기이며, 이 시기에 마약과 알코올을 접하는 것은 잠재적으로 장기적인 결과를 낳는다고 말한다. 예를 들어, 15세 이하에 음주를 시작하면 21세 이후에 음주를 시작하는 것보다 알코올중독 가능성이 4배 더 커진다. 신체적으로 청소년은 성인에 비해 중독에 더 취약하며, 청소년기에 중독 물질에 노출되는 것은 성인이 되었을 때 더 큰 취약성을 갖게 만든다.

사회문화적 시각에서는 중독의 원인을 사회적 환경과 문화적 전통의 결과로 기인하는 광범위한 사회적 혼란 현상으로 여긴다. 사회통제이론에서는 인간이 사회 통제와 사회적 유대와의 결속력이 약화될 때 일탈적 행동을 한다고 말한다. 한국 사회는 알코올중독과 도박중독의 유병률이 다른 선진국들과 비교할 때 두세 배가량 더 높은데, 이는 한국 사회의 관대한 음주 문화와 관련되며, 돈과 경제적 성취를 중시하고, 과정보다는 결과를 중시하는 사회 문화와 관련된다. 최근에는 청년들의 실업의 스트레스와 구직의 어려움이 증가하자 이를 술로 해결하려는 과정에서 폭력이나 방화 등의 범죄도 나타나고 있다. 이렇듯 중독은 사회적 문제라고 할 수 있으며, 중독의 심화는 빈곤과 범죄와 실직 등을 증가시키는 사회적 문제를 일으킨다.

의학적 시각에서는 중독의 원인을 유전적 요인으로 나타나는 만성적인 질병으로 본다. 의학적 시각을 대표하는 '중독에 관한 질병이론'(The Disease Theory of Addiction)은 중독을 유전적·심리적·환경적 요소를 지닌 주요한 만성적 질병이라고 진단한다. 미국 NCADD(National Council on Alcoholism and Drug Dependence, Inc.)의 알코올중독에 관한 정의가 대표적인데, 알코올중독을 그것의 발달과 예후에 영향을 미치는 유전적·심리적·환경적 요소들을 지닌 주요한 만성적 질병으로 정의한다.

의학적 시각에서는 중독을 의료전문가에 의해 의학적 모델 안에서 치료해야 한다고 본다. 특히 의학적 시각과 중독의 질병 모델에서는 중독에 유전적 성향이 존재하고 이것이 중독을 일으키는 주범이라고 말한다. 유전적 성향과 관련하여 입양연구(Adoption Studies)에 따르면 알코올중독자의 아이들은 비알코올중독자 부모에게 입양되어 양육될지라도 알코올중독자가 되는 비율이 평균치보다 4배나 높게 나온다. 일란성 쌍둥이의 경우 한쪽이 알코올중독자일 경우 다른 쪽이 알코올중독자가 될 확률이 60% 그리고 이란성 쌍둥이의 경우 30%를 나타낸다.

이러한 연구 결과들은 알코올중독이 유전적 원인과 밀접한 관련이 있음을 보여준다. 그런 점에서 오늘날 중독 연구에서 알코올, 니코틴, 기타 약물에 중독될 위험성의 거의 절반은 유전적인 원인과 관련된다고 추정한다.

2) 중독의 결과

중독의 폐해는 개인적인 면에서 보면 우선 심리적인 면에서 상당히 부정적인 정신건강 문제를 일으키며 중독성 사고를 포함한 부정적인 성격 변화를 유발하게 된다. 알코올중독자는 우울과 불안 등 부정적인 심리상태를 보이며 더 나아가 불안장애와 기분장애, 반사회적 인격장애 같은 동반질환을 수반한다. 알코올중독자는 알코올 이외의 다른 약물 남용과 자해 등의 행동을 하게 되는데,

알코올중독자의 자살 시도율은 우울증 환자의 자살 시도율보다 훨씬 높게 나타난다. 알코올과 마약 등의 약물중독은 간장과 위장 등 신체적 건강에도 상당히 부정적인 영향을 끼친다.

중독 현상이 나타나면 중독성 사고를 통한 중독적 성격(addictive personality)으로의 변화가 나타난다. 중독성 사고는 현실 왜곡과 자기기만("나는 알코올중독이 아니라 술을 좋아하는 거야"), 자기합리화("근육통이 심해서 술을 어쩔 수 없이 마셔요"), 자기중심적 생각, 당장의 문제를 회피하기 위한 임기응변적 사고를 특징으로 한다. 이러한 중독성 사고는 다양한 성격적 결함을 유발하고 중독적 성격으로 변하게 만든다. 도박중독의 경우에도 중독성 사고가 강해지는데 특히 자기중심적 사고가 강하고 비합리적인 신념을 갖는다. 도박중독자는 도박을 통해 현재의 재정 문제를 해결할 수 있다는 비현실적인 왜곡된 생각을 한다.

알코올중독의 경우 학업과 직장생활을 제대로 할 수 없거나 사회적 관계를 어렵게 만들어 학업을 그만두거나 실직을 통해 경제적 어려움을 겪게 만들기도 한다. 도박을 통해 재산을 탕진하는 경우에는 경제적 곤란과 함께 재정적·법적 문제를 야기하게 된다. 도박으로 인한 빚은 개인을 신용불량자로 만들고 가정의 경제를 파산하게 만든다. 또한 이러한 문제들은 직장 상실과 경제적 문제만이 아니라 가족관계를 파괴하고 심지어는 가족관계의 해체를 불러오기도 한다.

중독은 가족이 함께 고통받는 질환이다. 가족관계에서 중독
자들은 배우자와 자녀들에게 의존하고 배우자와 자녀들은 중독
자에게 의존하게 함으로써 역기능적인 가족구조를 만든다. 중독
은 가족관계에서 '공동의존'(co-dependency)을 만드는데, 공동
의존이란 중독자와 가족 구성원들 간의 역기능적이고 강박적인
일련의 행동의 결과로 발생하는 부정적인 정체감, 낮은 자존감,
감정 표현의 어려움, 건강한 경계의 상실 같은 정서적 어려움과
스트레스 반응이라고 할 수 있다. 공동의존의 발생과 심화는 중
독이 중독자만이 아니라 중독자 가족들까지 정서적이고 행동적
인 고통을 겪게 만드는 것을 의미한다.

가족 내의 관계에서만이 아니라, 중독자의 경우 '사회적 낙인'
(social stigma)으로 고통을 받는다. 즉 사회적으로 중독자를 심하
게 비난하며 술꾼, 주정뱅이, 노름꾼, 약쟁이 등의 부정적 언어로
중독자를 비하한다. 또한 사회적 낙인은 중독자를 이전의 지위
상실은 물론 차별과 수치를 당하게 하며 사회 참여에서 배제하기
도 한다. 이러한 사회적 낙인의 경험은 중독자의 회복을 더욱 어
렵게 만든다.

중독은 사회적 문제로써 중독의 결과는 범죄와 연관된다. 한
국 사회에서 폭력사건의 절반 정도는 주취폭력과 관련된다고 할

정도로 음주 문제는 일반 폭력 사건만이 아니라 성폭력과 가정폭력과도 깊은 관계를 갖는다. 주식 투자 실패와 도박으로 인한 경제적 어려움은 횡령이나 사기 같은 다른 사회적 범죄를 종종 일으킨다. 한 사회에서 중독의 심화는 많은 사회적 범죄와 병폐를 증가시킨다.

【중독 선별검사 — 알코올/도박 중독 진단】

〈CAGE 질문지〉

알코올중독의 진단을 위한 선별검사로는 〈CAGE 질문지〉가 폭넓게 사용된다. 다음 네 질문 중 두 가지에서 "예"의 응답이 있다면 알코올 의존 가능성이 있기 때문에 추가적인 진단조사를 받아야 한다.

1. 당신의 음주를 줄여야 할 필요가 있다고 생각해본 적이 있습니까?
2. 사람들이 당신의 음주 문제를 비판해서 괴로움을 느껴왔습니까?

3. 당신은 자신의 음주에 관해 죄의식을 느껴본 적이 있습니까?

4. 당신은 아침에 불안감을 감추기 위해 또는 숙취를 제거하기 위해 음주를 가장 먼저 하는 것(눈을 뜨게 해주는 칵테일)으로 생각해본 적이 있습니까?

평가기준: 예(1점), 아니요(0점)
— 1점 이상: 조심해야 함, 2점 이상: 알코올 의존 가능성이 있음, 3점 이상: 알코올 의존

〈도박 자가진단〉

도박중독의 진단으로 한국도박문제관리센터의 도박 자가진단 프로그램이 있다. 다음은 그 자가진단표*이다.

1. 귀하는 도박에서 잃어도 크게 상관없는 금액 이상으로 도박을 한 적이 있습니까?

2. 귀하는 도박에서 이전과 같은 흥분감을 느끼기 위해 더 많은 돈을 걸어야 했던 적이 있습니까?

3. 귀하는 도박으로 잃은 돈을 만회하기 위해 다른 날 다시 도박을 하신 적이 있습니까?

4. 귀하는 도박 자금을 마련하기 위해 돈을 빌리거나 무엇인가를 판 적이 있습니까?

5. 귀하는 자신의 도박 행위가 문제가 될 만한 수준이라고 느낀 적이 있습니까?

6. 귀하는 도박으로 인해 스트레스나 불안 등을 포함한 어떤 건강상의 문제를 겪을 적이 있습니까?

7. 귀하는 사실 여부에 상관없이 다른 사람들에게 도박 행위를 비난받거나 도박 문제가 있다는 얘기를 들은 적이 있습니까?

8. 귀하의 도박 행위로 인해 본인이나 가정에 재정적인 문제가 발생한 적이 있습니까?

9. 귀하는 자신의 도박하는 방식이나 도박을 해서 발생한 일에 대해 죄책감을 느낀 적이 있습니까?

평가기준: 전혀 아니다(0점), 간혹 그렇다(1점), 대체로 그렇다(2점), 항상 그렇다(3점)
— 9개 문항의 합한 점수가 3~7점이면 약간의 문제가 일어난 중위험성 도박, 8점 이상은 문제성 도박으로 간주한다.

* https://www.kcgp.or.kr/한국도박문제관리센터/치유마당/자가진단.

【스마트폰 과의존 척도 2016년 통합】

(청소년, 성인, 고령층)*

요인	항목	전혀 그렇지 않다	그렇지 않다	그렇다	매우 그렇다
조 절 실 패	1. 스마트폰 이용시간을 줄이려 할 때마다 실패한다	①	②	③	④
	2. 스마트폰 이용시간을 조절하는 것이 어렵다	①	②	③	④
	3. 적절한 스마트폰 이용시간을 지키는 것이 어렵다	①	②	③	④
현 저 성	4. 스마트폰이 옆에 있으면 다른 일에 집중하기 어렵다	①	②	③	④
	5. 스마트폰 생각이 머리에서 떠나지 않는다	①	②	③	④
	6. 스마트폰을 이용하고 싶은 충동을 강하게 느낀다	①	②	③	④
문 제 적 결 과	7. 스마트폰 이용 때문에 건강에 문제가 생긴 적이 있다	①	②	③	④
	8. 스마트폰 이용 때문에 가족과 심하게 다툰 적이 있다	①	②	③	④
	9. 스마트폰 이용 때문에 친구 혹은 동료, 사회적 관계에서 심한 갈등을 경험한 적이 있다	①	②	③	④
	10. 스마트폰 때문에 업무 수행에 어려움이 있다	①	②	③	④

※ 대상별 척도 문항은 동일하나 과의존유형군 위험을 구별하는 점수는
상이함

— (청소년) 고위험군 31점 이상, 잠재적 위험군 30~23점

— (성인) 고위험군 29점 이상, 잠재적 위험군 28~24점

— (60대) 고위험군 28점 이상, 잠재적 위험군 27~24점

* https://www.iapc.or.kr/kor/PBAS/diaSurvey.do?idx=9 스마트쉼센터.

3. 중독의 회복 과정

기본적으로 중독은 만성적이고 재발 가능한 질병이다. 재발은 중독의 회복 과정에서 흔하게 발생한다. 그런 점에서 중독은 고혈압이나 당뇨병 같이 완전히 치료할 수는 없지만 관리할 수 있는 질병으로 볼 수 있다.

중독의 특성은 조절(통제)능력의 상실에 있기 때문에 한 번 중독된 사람은 조절능력을 다시 회복하기 어렵다. 특히 알코올과 마약 등 약물중독의 경우는 뇌의 변화를 동반하기 때문에 조절능력을 회복할 수 없다. 그러므로 회복 중인 중독자는 자신을 회복 중인 상태로 인정하고 평생에 걸쳐 단주(abstinence)와 단약을 하면서 지속적으로 회복프로그램을 실천해야 한다.

예를 들어 알코올중독으로부터 회복 과정을 살펴보면, 처음 3개월간의 회복 기간은 알코올을 중단하는 방법을 배우는 단주의 기간이다. 그리고 1년간의 회복 기간은 알코올이나 약물 없이 인생을 살아가는 법을 배우는 깨어 있는 정신으로 돌아오는(sobriety) 기간이다. 이후 2~3년간의 삶은 편안한 삶(comfortable living), 즉 단주를 하는 동안 편안하게 살아가는 법을 배우는 시기이다. 그리고 단주를 실천하며 의미 있는 삶의 유형을 세운 3년 이후의 삶을 생산적인 삶(productive living)으로 본다.

회복의 첫걸음을 위해서는 모든 중독 물질과 중독 행위의 중단과 금단증상 및 신체적 복잡화의 의료적 관리가 필요하다. 알코올중독을 예로 든다면 회복을 위해서는 먼저 단주를 실천해야 한다. 그러나 알코올중독자의 갑작스러운 단주는 심한 금단증상을 수반하기 때문에 알코올중독자가 단주를 하려면 알코올의 해독과 금단증상의 치료를 위해 폐쇄병동에서 입원치료(대략 2～4주간)를 해야 한다. 회복을 위해서는 단주에 대한 자신의 노력도 중요하지만 중독 전문가의 도움을 받는 것도 필요하다.

　　중독 회복을 위한 중독 물질과 중독 행위에 대한 중단과 함께 심리치료 프로그램에 참여하는 것이 도움이 된다. 오늘날 중독 치료에서 심리적 치료 접근으로 가장 널리 인정되고 있는 것은 인지행동치료(Cognitive & Behavioral Therapy)와 동기증진치료(Motivational Enhancement Therapy)이다.

　　인지행동치료는 중독자의 잘못된 인지 왜곡과 문제해결 방식을 교정하고 적응적인 대처기술을 적용하게 한다. 인지행동치료는 알코올과 약물 중독만이 아니라 도박중독, 인터넷중독, 섭식장애 등에 효과적으로 적용되고 있다.

　　동기증진치료는 중독 회복자의 변화를 위한 내적 동기를 증진시켜 긍정적 변화에 필요한 능력과 기술을 습득하게 한다. 동기증진치료는 알코올과 대마초와 니코틴 중독을 다루는 데에 효과적이라고 알려져 있다.

중독의 회복은 긴 과정이고 중독이 갖고 있는 영적 성격 때문에 다른 회복자들과의 상호 지지가 중요하다. 그렇기에 자조모임에 참여하는 것은 회복 프로그램에서 중요한 역할을 한다. 익명의 알코올중독자들(A.A.) 또는 익명의 도박중독자들(G.A.) 같은 자조모임과 A.A.의 12단계 프로그램을 치료적으로 변형한 12단계 촉진치료모임에 참여하는 것은 중독의 회복에 요긴하다. 중독자의 가족들도 역기능적인 가족관계의 결과로 정신적 고통과 어려움을 호소하는 공동의존을 보이기 때문에 알코올중독회복자 가족들의 모임(Al-Anon)에 참여할 수 있다.

이러한 치료 과정에서 균형 있는 식사와 규칙적인 신체 운동은 중요하다. 일반적으로 공복시에는 음주 욕구가 강해지기 때문에 알코올중독에서 회복되는 회복자는 균형 있고 규칙적인 식사를 하는 것이 좋다. 또한 규칙적인 신체적 운동과 휴식은 회복에 도움을 준다. 일반적으로 알코올중독 같은 약물중독에서의 회복자는 HALT를 주의해야 한다. HALT는 다음 네 가지를 가리킨다: Hungry(신체적 · 정서적 허기짐), Angry(분노), Lonely(외로움), Tired(신체적 · 정신적 피로감).

물질 중독만이 아니라 행위 중독에서도 신체적 · 정신적 스트레스와 정서적 혼란을 잘 다스리는 것이 중독으로부터 회복하는 데에 있어 매우 중요하다. 특히 스트레스와 부정적인 생활 사건들을 잘 다루는 법을 익혀야 한다. 일반적으로 가족의 사별 같은 소중한 사람들과의 이별과 직장에서의 실직, 또는 사업 실패 등의 심한 스트레스 상황과 알코올 의존은 밀접한 연관을 갖는다. 중독에서 회복되는 사람의 경우와 현재 중독자는 아니지만 중독 예방을 위해서는 이러한 인생의 부정적인 사건으로 인한 생활 스트레스를 잘 다루어나가는 것이 매우 중요하다.

【A.A.와 12단계 모델】

중독 회복에서 중요한 역할을 하고 있는 자조모임은 1930년대 윌리엄 윌슨(William Wilson)과 로버트 스미스(Robert Smith)가 주창한 익명의 알코올중독자들(Alcoholics Anomynous) 모임에 기원을 두고 있다. A.A.의 자조모임은 익명의 도박중독자들(Gamblers Anonymous), 익명의 마약중독자들(Narcotics Anonymous) 모임으로 확산되어 오늘날 전 세계 150개국에 10만 개 이상의 A.A. 모임이 열리고 있고, 참여자 수는 수백만 명에 이른다.

A.A. 모임의 핵심은 12단계 영성 프로그램을 실천하면서 실패와 성취를 함께 나누고 서로를 지지하는 것이다. 12단계 영성 프로그램은 A.A.의 창립자였던 윌리엄 윌슨이 초교파 기독교 영성 모임이었던 옥스퍼드그룹운동에 참여하며 알코올중독에서 회복을 경험하게 되면서 이를 토대로 만든 영적 회복 프로그램이다. 12단계 영성 프로그램의 단계는 다음과 같이 구성되어 있다.

— 1단계: "우리는 알코올에 무력했으며, 우리의 삶을 수습할 수 없게 되었다는 것을 시인했다."
— 2단계: "우리보다 위대하신 힘이 우리를 본 정신으로 돌아오게 해주실 수 있다는 것을 믿게 되었다."
— 3단계: "우리가 이해하게 된 대로, 그 신의 돌보심에 우리의 의지와 생명을 맡기기로 결정했다."
— 4단계: "두려움 없이 우리 자신에 대한 도덕적 검토를 했다."
— 5단계: "우리의 잘못에 대한 정확한 본질을 신과 자신에게 그리고 다른 어떤 사람에게 시인했다."
— 6단계: "신께서 이러한 모든 성격상 결점을 제거해주시도록 완전히 준비했다."

— 7단계: "겸손하게 신께서 우리의 단점을 없애주시기를 간청했다."

— 8단계: "우리가 해를 끼친 모든 사람의 명단을 만들어서 그들 모두에게 기꺼이 보상할 용의를 갖게 되었다."

— 9단계: "어느 누구에게도 해가 되지 않는 한, 될 수 있는 데까지 어디서나 그들에게 직접 보상했다."

— 10단계: "인격적인 검토를 계속하여 잘못이 있을 때마다 즉시 시인했다."

— 11단계: "기도와 명상을 통해서 우리가 이해하게 된 대로의 신과 의식적인 접촉을 증진하려고 노력했다. 그리고 우리를 위한 그의 뜻만 알도록 해주시며, 그것을 이행할 수 있는 힘을 주시도록 간청했다."

— 12단계: "이런 단계들의 결과, 우리는 영적으로 각성되었고, 알코올중독자들에게 이 메시지를 전하려고 노력했으며, 우리 일상의 모든 면에서도 이러한 원칙을 실현하려고 했다."

A.A.의 12단계는 영적 굴복과 회심, 도덕적 검토와 성찰을 통한 인격적 변화, 자신의 잘못에 대한 고백, 감정의 정화, 보상과 섬김, 기도와 명상의 측면들을 갖고 있다. 이러한 지속적인 훈련과

서로의 경험의 나눔과 지지를 통해서 중독자의 자기중심적인 왜곡된 사고와 성격이 바뀌고 감정의 변화가 이루어지게 된다. 임상적으로 중독의 회복율은 12단계 영성이 실천되는 자조모임에 참석한 기간과 비례한다고 할 정도로 중독의 치료와 회복에 있어 12단계 프로그램은 중요한 역할을 하고 있다.

제2부

치유와 성장

상처 이야기하기와 새롭게 해석하기

1990년대 초 르완다에서 일어났던 대학살의 여파 속에, 한 여성 심리학자가 탄자니아에 있던 르완다인들의 피난민 캠프 중 하나를 방문하도록 요청받았다. 그 캠프가 대량 살육으로부터 안전하게 보였을지라도 그 캠프의 여성들은 잠을 이루지 못하고 있었다. 피난민들을 방문하는 동안 그 여성 심리학자는 가족과 친구들이 살해당하는 걸 목격했던 여성들이 그 캠프 관리들로부터 그러한 잔혹행위들을 발설하지 못하도록 명령받고 있다는 것을 알아차렸다. 여성들은 관리들의 지시를 따르고 있었지만 살육의 기억들은 그녀들을 계속 따라다녔고, 그녀들은 밤에 잠을 이룰 수 없었다. 그 여성 심리학자는 이 상황에 응답하여 하나의 이야기 나무—르완다 여성들이 그녀들의 경험을 이야기할 수 있는 안전한 장소—를 세우기로 결심했다. 매일 아침 심리학자는 그 캠프의 한쪽 가에 가서 거대한 그늘이 진 나무의 차양막 아래에서 사람들을 기다렸다. 첫째 날에는 치유나무로 아무도 오지 않았다. 둘째 날에 한 여성이 왔고, 그녀의 이야기를 하고 떠났다. 그다음 날 다른 여성이 나타났고 그리고 또 다른 여성들이 나타났다. 며칠 안에 수십 명의 여성이 서로의 상실과 공포와 죽음의 이야기를 듣고 공유하기 위해 매일 아침 그 이야기 나무 아래 모였다. 마지막으로 르완다 여성들의 이야기를 듣고 난 몇 주 후에, 그 여성 심리학자는 그 이야기 나무가 제대로 작동하고 있음을 알았다. 그 캠프의 여성들이 이제는 잠을 자고 있다는 것을 보고서를 통해 확인할 수 있었다.[1]

상처의 치유와 관련된 모임에 참여한 사람들은 치유모임에서 먼저 자신의 어린 시절 상처 이야기를 말하게 된다. 과거 상처의 기억을 회상하는 것은 고통스러운 일이다. 그러나 파편화되어 두려움과 슬픔과 분노의 감정으로 뇌리에 남아 있는 과거의 상처를

---

[1] Herbert Anderson & Edward Farley, *Mighty Stories, Dangerous Rituals: Weaving Together the Human and the Divine* (San Francisco: Jossey-Bass, 2001), 3.

100 • 제2부 _ 치유와 성장

언어화하여 다시 말하는 것은 상처에 관한 생각과 감정을 의식화하고 감정을 정화함으로써 상처를 치유하게 한다.

이 장에서는 상처에 관한 치유적인 '다시 말하기'와 '이야기 만들기'와 '글쓰기'를 통해 과거의 상처로부터 치유되는 과정에 대해 서술해나가고자 한다.

아픈 과거에 대해 다시 말하고 의미 있는 이야기를 만들어가기 이전에 먼저 안전을 강조하는 것이 중요하다. 트라우마 같은 깊고 압도적인 상처를 받은 사람은 자신의 안전감이 위협받는 경험을 하였기 때문에, 충격적이고 고통스러운 사건의 역사를 다시 말하는 것이 안전감을 위협해서는 안 되기 때문이다. 즉, 어떤 사람들은 트라우마 사건으로 인한 스트레스에서 충분히 자유롭지 못하기 때문에 우선 그들의 안전감을 강조하는 것은 중요하다.

상처를 말하고 이야기하는 것은 자신이 지닌 고통을 어느 정도 조절할 수 있는 상태가 된 후에 하는 것이 바람직하다. 상처로 인해 의식적으로 드러내는 정서적인 고통이 심하다면, 다시 말하고 이야기하는 것이 오히려 상처를 가중할 수 있기 때문이다.

미국의 정신과 의사로서 『폭력적 죽음을 다시 말하기』라는 책을 쓴 에드워드 리니어슨(Edward Rynearson)은 "치유적 다시 말하기는 회복탄력성(resilience)을 재확립하고 고통을 적절히 조절한 상태에서 시작해야 한다"고 말한다.[2] 영어로는 'psycholgo-cial resilience'라고 부르는 심리적 회복탄력성은 시련과 역경을 경험한 후 정신적으로 빠르게 회복하는 마음의 능력이다. 마치 팽팽하게 당겨져 있었던 고무줄이 원상태로 복원되듯이 마음의 근육이 있다면 심리적 회복이 가능하다.

회복탄력도는 타고 나는 능력이기도 하지만—열 명 중 한 명은 심리적으로 높은 회복탄력성을 갖고 태어난다고 한다—어느 정도는 의식적이고 의도적인 노력을 통하여 획득될 수 있다. 이러한 심리적인 자기 조절이 어느 정도 회복되고 치유의 이야기를 시작해야 한다. 이 장에서 다루는 치유적 이야기하기와 글쓰기는 심리적 회복탄력도를 향상시키는 것으로 볼 수 있다.

【심리적 회복을 위한 스트레스 완화기법】

치유적인 다시 말하기 이전에 심리적 회복탄력성을 재확립하고 정신적 고통을 조절할 수 있는 방법으로 깊은 호흡 또는 근육

---

2 Edward K. Rynearson, *Retelling Violent Death* (Philadelphia: Brunner-Rout-ledge, 2001), 37.

이완 같은 스트레스 완화기법(relaxation techniques)을 권한다. 우리가 스트레스를 받고 있을 때나 과거의 아픈 기억들로 인해 불안할 때는 대개 얕은 호흡을 하게 된다. 깊은 호흡을 통한 스트레스 완화기법은 호흡을 통하여 이러한 불안정한 심리 상태를 개선하고 호흡을 좀 더 정상적이고 깊은 상태로 되돌린다. 덧붙여서 이러한 깊은 호흡은 심리적으로만이 아니라 몸에 대한 평정 효과를 지니며 자율신경계를 회복시킨다.

일반적으로 사람들은 폐를 통해서 호흡을 하는 데 반해 깊은 호흡은 배, 즉 하복부를 통해 천천히 하는 것이다. 깊은 호흡을 하는 방법은 먼저 입으로 깊이 숨을 내쉰다. 그러고 나서 코로 숨을 들이쉬는 것을 상상하면서 배로 깊은 호흡을 한다. 그 다음 배로 깊은 호흡을 밖으로 배출해낸다. 이러한 과정을 여러 차례 반복한다. 이러한 하복부를 통한 깊은 호흡은 정서적 통제(emotional regulation)를 강화한다.

배로 하는 호흡이 아닌 코로 하는 호흡으로 스트레스를 완화하고 마음을 안정시키는 좋은 방법으로는 호흡의 들숨과 날숨에 집중하는 것이다. 몸을 편안한 상태로 유지하면서 천천히 숨을 들이쉬면서 호흡이 들어오는 것을 관찰한다. 그리고 숨을 내쉬면서 호흡이 나가는 것을 살펴본다. 의식을 숨이 자연스럽게 들어오고 나가는 것에 집중하는 것이다. 이렇게 의식이 숨이 들어오고 나가는 것에만 단순히 집중하고 있어도 마음의 긴장은 풀어지고 평안한 상태가 된다.

근육이완 완화기법으로 좋은 방법은 손을 반복적으로 폈다가 오므리는 것이다. 손은 입과 함께 우리의 뇌와 가장 깊은 관련을 맺고 있는 몸의 한 부분이다. 즉, 손을 사용하는 것은 뇌를 자극하게 된다. 아기들이 잼잼하는 것과 같이 손을 오므렸다 펴는 동작을 50번에서 100번 정도 반복한다. 손을 오므렸다 펴는 동작을 양손을 서로 엇갈리게 하면서 100회 정도 하는 것도 좋다. 이러한 스트레스 완화기법의 사용은 상처로 인한 정신적 고통을 완화하고 심리적 회복탄력성을 증가시킨다.

트라우마와 같은 과거의 상처를 기억하고 말하고 이야기하는 것을 통한 '치유하기'에는 두 가지 방식이 있다. 첫 번째 방식은 그 상처의 사건을 구체적으로 말하고, 기술하며, 그것을 적어보는 것이다. 구체적으로, 말할 때 특별히 과거의 상처를 준 사건이 일어날 때와 그 후에 경험한 감정을 포함하여 말하는 것이 중요하다. 이러한 과정은 정서적인 고통의 정화를 가능하게 하고 인지적 정보처리를 가능하게 만든다. 말하고 기술하고 쓰면서, 상처가 있던 사람은 자신이 갖고 있던 인지적이고 정서적인 왜곡들을 알아차리게 된다.

트라우마 치유에서 기본적으로 트라우마 사건을 연대기 순으로 구체적으로 이야기하는 것은 파편화된 기억들에 의한 트라우마 이후의 스트레스를 감소시키고 생존자들에게 자신과 세상을 이해하는 데에 과거의 충격적인 사건들로 생겨난 인지적 왜곡을 없애는 기회를 부여한다. 트라우마 사건과 그것을 둘러싼 상황에 대한 구체화된 언어적 말하기는 상처를 입은 사람이 치료의 관점에서 과거의 상처가 되는 사건을 반복적으로 기술하면서, 현재의 시각에서 과거의 사건을 바라보면서 과거를 다시 살게 된다. 그러면서 자신이 갖는 가정, 믿음, 인식 등 실제 일어난 사건에 대한 더 정확한 인지모델을 만들게 된다.

이러한 말하는 과정에서 정서가 수반되지 않는 '사실'만을 진술한다면 치료 효과가 적게 된다. 트라우마 사건에서 경험했던 생각들과 함께 그 느낌을 기억하고 재경험해야 한다. 이야기 속 각 시점에서 단지 일어났던 일만 재구성하는 것이 아니라 무엇을 느꼈는지도 재구성하는 것이다. 이러한 정서적 재경험과 기술을 통해 생존자는 자신이 갖고 있던 정서적 왜곡을 알게 되고, 자신이 갖고 있는 두려움과 불안이 과도한 것이며 그것을 극복할 수 있는 내적 자원이 있음을 알게 된다. 이러한 구체적인 말하기는 트라우마를 경험한 생존자들을 치유하는 힘이 있다. 다음 이야기는 구체적인 말하기의 실제 사례이다.

노르웨이 해양재난 구조 이야기로, 바다에서 해양 석유 굴착 장비가 전복되는 사건이 일어났다. 생존자들은 구조된 이후에 정신건강팀에 의해 단기상담을 받았고, 외상후 스트레스 장애에 관한 한 장 분량의 정보지를 제공받았다. 그 정보지는 두 가지 실질적인 제안을 하고 있었다. "첫째, 피하고 싶은 마음이 들더라도 경험한 것에 대하여 다른 사람들과 이야기를 나눌 것. 둘째, 증상을 통제하기 쉬운 방편으로 술을 남용하지 말 것"의 두 가지였다. 몇 년이 지나고 추후 면담에서 생존자들 대부분은 그 정보지를 여전히 지갑 안에 넣고 다녔고, 읽고 또 읽느라 이미 다 헤져 있었다고 한다.[3]

누군가 자신의 이야기를 공감하며 들어줄 수 있고 비밀을 지켜줄 수 있는 상담자가 있으면 좋겠지만, 그렇지 못한 경우 깊은 상처로 남은 과거의 고통을 누군가에게 이야기하는 것이 어려울 수도 있고, 또 그렇게 하는 것이 수치심을 불러일으킬 수도 있다. 그런 점에서 자신의 이야기를 글로 쓰는 것은 상처를 드러내는 좋은 방법이다.

---

3 주디스 허먼, 『트라우마』, 264-265.

빈 종이나 공책에 펜으로 자신의 상처 경험과 생각이나 감정을 글로 쓰면서 현재 시각에서 보는 당시의 인지적인 왜곡과 고통의 감정에 과도하게 사로잡혔던 원인들을 적어보는 것이다. 글을 쓰는 것은 시간이 지나서 다시금 과거의 고통이 떠오를 때 자신이 쓴 글을 다시 읽어봄으로써 자신이 그러한 인지적·정서적 왜곡을 반복하고 있다는 것을 알아차리게 해준다.

두 번째로, 이러한 구체적인 말하기 다음에는 의미 있는 이야기를 만들어가는 것이다. 트라우마 같은 깊은 상처로 남은 사건을 말하고 기술하는 것으로 그치는 것이 아니라 의미 있는 이야기를 재구성하는 것이다. 방법은 과거에 상처를 만든 사건을 연대기 순으로 말하면서 통일성 있고 의미 있는 이야기로 만들어가면 된다. 이러한 이야기를 만들어가면서 삶에 대한 새로운 해석을 발전시켜나간다. 즉, 자신이 겪은 사건의 의미가 무엇인지 발견하고 자신의 더 큰 인생의 맥락에서 자신이 경험한 고통의 더 큰 의미와 목적 등 어떠한 영적 의미를 의식하고 그것을 통해 자신의 고통에 어떠한 의미를 부여한다면, 그것은 자신이 경험한 삶을 새롭게 해석하는 것이 된다. 이러한 이야기 만듦에 의한 재진술은 긍정적인 자기 인식을 하게 하며 자신의 인생을 더 큰 시각에서 새롭게 바라보게 만든다.

우리가 경험한 상처를 새로운 시각으로 조망하는 것은 우리가 경험한 고통에 새로운 의미를 부여하는 것이다. 미국의 흑인 영성가인 하워드 써먼(Howard Thurman)은 이러한 새로운 해석을 통한 삶에 대한 깨달음의 경험을 다음과 같이 말한 바 있다.[4]

그는 젊은 시절에 뉴욕의 한 공원 잔디에 누워 책을 읽고 있었다. 하늘에는 연한 청색의 하늘을 배경으로 하얀 뭉게구름이 장관을 이루고 있었다. 책을 읽고 있던 그에게 한 친구가 다가와 말을 걸었다.

"하워드 저 구름 모양 좀 봐, 자네에게는 무엇처럼 보이나?"

"잘 모르겠는데. 특별히 생각나는 건 없어."

"조지 워싱턴 흉상 같이 보이지 않나?"

친구의 말을 듣고 보니 뭉게구름은 미국 초대 대통령 조지 워싱턴의 흉상과 닮아 보였다. 그에게 하늘의 뭉게구름은 '인식의 새로운 차원'—조지 워싱턴 모습을 닮았다는—을 덧붙인 것을 제외하고는 어떤 것도 변화되지 않았다. 그러나 새로운 시각과 의미가 덧붙여졌고 그것이 분명한 차이를 만들었다. 이처럼 고통스러운 경험에 대한 새로운 해석의 깨달음은 전에 자신이 무의식적으로 받아들이던 삶에 대한 생각에 새로운 관점에서 보는 것을 가

---

[4] Howard Thurman, *The Creative Encounter: An Interpretation of Religion and Social Witness* (Richmond: Friends United Press, 1972), 25.

능하게 해준다.

　대부분의 젊은이에게 트라우마 같은 깊은 상처의 고통은 아닐지라도 현재의 삶에 부정적인 영향을 미치는 아픈 사건들은 있을 것이다. 인생 사슬의 부정적 고리라고 할 수 있는, 현재의 삶에 부정적인 영향을 미치는 과거의 고통들을 거의 모든 사람이 갖고 있다. 그것은 오늘날 젊은이들에게는 군대와 학교에서 당한 폭언과 폭력 같은 경험일 수도 있고, 어린 시절 부모에게 받은 학대나 부모의 이혼으로 사랑하는 사람과 떨어져야 했던 가정의 아픔일 수도 있다. 또한 대학을 들어오면서 겪었던 재수, 삼수의 고통일 수도 있고, 대학 졸업과 함께 찾아오는 수십 차례의 취업낙방으로 인한 실패의 경험일 수도 있다. 또는 교통사고 같은 고통스러웠던 사고일 수도 있고, 친구의 배신이나 직장 상사와의 갈등 관계에서 오는 인간적인 고통이었을 수도 있다. 그런 힘든 경험들이 지금 반복되고 있을지도 모른다.

　많은 사람이 그러한 고통의 경험을 망각하기 위해 현재의 일에 미친 듯이 몰두하기도 하고, 쾌락에 탐닉하기도 한다. 이전 장에서 살펴본 것처럼 심리적 갈등과 상처는 중독의 주요한 심리적 원인이 된다. 또 많은 사람이 자신의 가슴 속 깊은 곳에 상처를 억압해둔다. 그러나 우리는 때때로 찾아오는 인생의 유사한 고통의 경험들로 그러한 어두운 경험들의 사슬에서 자유롭지 못한 것을 알게 된다. 상처들을 말하고 의미 있는 이야기를 만들어가는 것은 그러한 부정적 경험의 영향에서 벗어나 좀 더 자유롭고 새로운 나 자신의 삶을 만드는 것이다.

시련과 역경의 경험을 바탕으로 창조적이고 의미 있는 이야기를 만들고 그를 통해 삶을 새롭게 해석하는 것은 회복탄력도를 향상시키는 의도적인 시도이다. 그것은 자신의 삶의 더 큰 그림의 맥락에서 자신의 과거 상처와 아픔의 경험들을 직시하게 만든다. 그러한 새로운 관점의 차원에서 바라보는 것은 자신과 인생을 새롭게 해석함을 통해 삶에 대한 새로운 깨달음을 갖게 해준다. 인간은 이해를 추구하는 존재이기 때문에 삶에 대한 새로운 인식적 이해는 기존에 갖고 있던 불안감을 줄여주고 긍정감과 자신감을 부여해준다. 또한 인생의 더 큰 맥락에서 고통의 시간과 자신의 삶을 해석하는 것은 자신의 과거의 삶과 현재의 삶, 미래의 삶을 긍정적으로 연결시켜주어 삶의 연속성을 가져다준다.

이러한 삶의 아픔과 시련을 말하고 의미 있는 이야기를 만드는 것을 영적인 차원에서 한다면, 또는 신앙이 있는 사람이 종교적인 시각에서 한다면 그것은 더 큰 의미를 갖게 된다. 성서를 경전으로 사용하는 기독교인들이 성서 이야기들에 비추어 자신의 삶의 이야기를 창조적이고 의미 있는 이야기로 재건한다면 그것은 종교적·영적 시각에서 자신의 삶에 대한 의미와 목적을 부여해주고 삶을 새롭게 해석하게 해준다. 그것은 또한 종교적 신앙 안에서 삶의 연속성의 의미를 창조한다는 점에서 중요하다.

다음은 자신의 젊은 시절의 전쟁 트라우마로 인한 고통을 영적 · 종교적 시각에서 새롭게 해석하고 인생 이야기를 만들어간 한 사람의 삶의 이야기이다.

현재 생존하고 있는 전후 독일의 위대한 신학자 중 한 명으로 위르겐 몰트만(Jürgen Moltmann, 1926~)이라는 개신교 신학자가 있다.[5] 몰트만은 원래 기독교 신앙이나 신학과는 상관없는 계몽주의의 영향을 받은 집안에서 태어났다. 우리의 중 · 고등학교에 해당하는 독일의 김나지움에 다니던 시절에 몰트만은 아인슈타인이나 막스 플랑크 같은 위대한 과학자가 되기를 희망했던 꿈 많은 청년이었다. 그러나 그의 희망과 다르게, 몰트만은 만 17세가 되었던 1943년 독일이 제2차 세계대전에서 패전을 향해갈 때 어린 나이에 방공포대의 보조병으로 소집되어 전쟁 트라우마를 경험하게 된다.

그는 고향 함부르크에 대한 영국 공군의 9일간 대공습으로 가

---

[5] 몰트만의 전쟁 트라우마에 대한 경험은 그의 자서전인 Jürgen Moltmann, *A Broad Place: an Autobiography* (Minneapolis: Fortress Press, 2008)에서 주로 인용하였다.

장 절친했던 친구가 온몸이 찢기면서 죽는 모습을 목격한다. 몰트만 자신도 폭격을 당했지만 포탄 파편들이 어깨와 볼을 스쳐감으로써 구사일생으로 살아남는다. 이 사건은 그가 인생에서 경험한 가장 충격적인 사건이었고 그의 정신을 압도하는 두려운 사건이 되었다. 제1장에서 다뤘던 트라우마의 한 유형으로는 전쟁의 폭력에 의해 발생한 트라우마였다. 트라우마라고 단순히 말하기에는 그것은 10대 후반의 청년이 감당하기에 너무 고통스러운 사건이었다. 그 사건을 겪은 날 밤 그는 인생에서 처음으로 하나님을 찾는 구도자가 되었다고 고백한다: "하나님 당신은 어디에 있습니까?"

몰트만은 전쟁 중 전우가 곁에서 죽어가는 몇 차례의 전쟁 트라우마 경험을 더 겪은 뒤, 1945년 2월 영국군에 의해 전쟁포로로 잡혀 포로수용소로 이송된다. 그는 포로로 잡힌 뒤 죽은 사람들이 나타나는 악몽의 기억과 수면장애와 무기력감 같은 외상후 스트레스 장애로 고통을 받는다. 특히 당시 벨기에의 전쟁 포로수용소에서 벌어진 독일 전쟁 포로들 간의 폭력사건은 그의 정신적 고통을 더욱 악화한다.

몰트만이 전쟁이 만든 우울증과 외상후 스트레스 장애, 무기력함에서 벗어날 수 있었던 두 가지 중요한 만남이 있다. 그것은 전후 포로수용소의 친절한 스코틀랜드 사람들과의 만남과 성서와의 만남이었다. 당시 그와 함께 일하게 된 스코틀랜드 노동자들과 그들의 가족들은 독일인 포로들을 전쟁포로가 아닌 인간으로 대하며 따뜻하게 환대해준다. 이러한 환대의 따뜻함과 애정은 몰트만이 10대 후반과 20대 초반의 젊은 시절에 겪은 고통스러운 아픔을 이겨낼 수 있는 정서적·사회적 지지를 제공해주었다. 어려운 시기에 누군가로부터 따뜻한 사랑과 환대를 받는 경험은 그 역경을 딛고 일어설 수 있는 중요한 토대가 된다.

몰트만이 상처를 극복할 수 있었던 가장 중요한 경험은 성서의 시편 기자와 복음서의 십자가에 달린 예수와의 만남이었다. 그는 포로수용소에서 미국인 군목에게서 독일어 성서를 선물 받는다. 그는 노동이 끝난 저녁에는 성서를 읽으며 시편의 탄원시에 나오는 시편 기자들의 고통의 토로와 십자가에 달린 예수의 버림받음의 고통에서 자신의 고통과 동일성을 발견한다. 이러한 성서의 주인공들과의 만남은 전쟁으로 인한 자신의 고통스러운 이야기를 성서 인물들의 이야기에 비추어 새롭게 해석할 수 있게 한다.

몰트만은 전쟁으로 상처 입은 그의 영혼의 이야기를 성서의 창세기에 나오는 얍복강가에서 하나님의 천사와의 만남을 통해 환도뼈를 다쳐 절뚝거렸던, 그러나 새로운 희망을 찾았던 야곱의 이야기에 비추어 말한다. 그는 1948년 전쟁 포로수용소에서 자유의 몸이 되어 고향 함부르크로 돌아올 때 전쟁으로 인해 깊은 상흔을 입었으나 하나님과의 새로운 만남을 통해 회복을 경험하고 희망을 찾았던 자신의 모습을 브니엘의 아침 햇살을 맞는 야곱에 비추어 말한다.

몰트만은 또한 신약성서의 마가복음을 읽으며 십자가에 달린 예수 그리스도의 "하나님 어찌하여 나를 버리셨나이까?"라는 말씀 속에서 십자가의 이야기에 나오는 예수와의 동일시에 의해 자신의 고통을 기술한다. 자신이 세상에서 버림받은 것을 예수의 버림받음과 동일시한다. 그러나 십자가에 달린 예수 그리스도의 부활에서 새로운 미래를 향한 희망을 또한 발견한다. 이와 같이 그는 젊은 날 자신의 상처 입었던 삶의 연대기를 끊임없이 성서의 이야기에 비추어 말하고 이야기를 만들어가고 해석함으로써 새로운 자신의 삶의 이야기를 만들어낸다.

몰트만은 이러한 젊은 날 자신의 고통의 경험을 그의 자서전적 글만이 아니라 여러 저서에서 반복적으로 기술한다. 자신의 삶의 고통의 이야기를 말하고 영적 시각에서 새로운 삶의 이야기를 창조해나간 이러한 작업은 그 자신의 치유 경험의 과정이며 자신의 인생에 대한 새로운 해석을 통한 창조적 삶의 이야기를 만들어간 경험적인 사례이다. 젊은 시절 삶의 위기의 경험에 대한 새로운 해석은 고통에 의해 파괴되었고 해체되었던 그의 삶의 존재의 경험을 새롭게 이해시켰고 삶의 연속성을 회복시켰다. 더 나아가 전쟁과 같은 시련을 경험하기 이전의 삶과 시련을 경험한 이후의 삶과의 간극을 새로운 삶의 이야기로 메우고 그 고통의 경험 속에서도 미래의 삶을 향한 높은 목적과 의미, 새로운 희망을 찾을 수 있게 만들었다.

만약 여러분이 자신의 과거의 삶의 고통으로 아파한다면 자신의 고통 이야기를 말하고 그것을 글로 적어보고 삶의 이야기를 새롭게 만들어볼 것을 권한다. 자신이 겪은 고통스런 이야기를 말하는 것은 자신이 억압했던 감정과 생각들을 털어놓는 것이기에 마음의 나쁜 쓰레기들을 깨끗이 청소하는 기능을 한다. 말하고 이야기함을 통해 마음은 시원해지고 무의식의 쓰레기들은 점점 더 줄어들 것이다. 자신의 고통스러운 이야기를 새로운 시각에서 바라보는 것은 무의식에 깊이 박혀 있는 왜곡된 부정적 사고들을 변화시킨다. 삶의 더 큰 차원에서 과거 상처의 경험을 새롭게 해석하고 영적인 의미의 우리 삶의 이야기들을 만들어가기를 권한다. 이러한 이야기를 만드는 과정을 통해 과거의 상처와 아픔 가운데서 새로운 해석적 지평을 발견하고 새로운 의미와 목적을 이끌어낼 수 있다면 미래를 향한 새로운 다리를 우리 삶 가운데 세울 수 있을 것이다.

【치유를 위한 말하기와 이야기를 글로 써보기】

- 상처 이야기를 말할 때 자신의 상처 이야기를 들어줄 수 있는 적합한 사람이 있어야 한다. 물론 좋은 상담가를 찾아가 자신의 이야기를 할 수도 있다. 그러나 적합한 상담가를 만나기 어렵거나 또는 상처와 고통의 이야기를 타인에게 하는 것이 수치감을 불러일으킨다면 홀로 자신의 이야기를 말하고 그것을 글로 적어가는 글쓰기를 하며 이야기를 만들어가는 것도 좋은 방법이다. 필자 자신도 가끔씩 자신의 고통의 이야기들을 말로 하면서 글로 써내려간다.

- 트라우마 사건이나 자신의 삶에 큰 영향을 준 사건 또는 현재 고통을 주고 있는 사건들을 말로 이야기해보고 그것을 글로 써내려간다. 그 사건이 일어났던 연대기 순에 따라서 당시의 상황을 이야기해본다. 당시 자신이 가졌던 생각과 느꼈던 감정을 표현한다. 그 사건으로 인해 현재 느끼는 슬픔이나 분노 등의 감정을 말하고 기술한다.

- 그 사건이 자신의 생각과 신념에 준 영향과 분노, 수치심, 두려움, 슬픔 같은 정서적 영향을 생각해본다. 그 사건의 경험이 자신의 생각과 감정에 준 인지적·정서적 왜곡이 있는지

깊이 생각해본다. 그 사건이 어떻게 자신감을 앗아갔고 자신의 인생에 어떤 변화를 주었는지 생각해본다.

- 그 사건이 자신의 삶에 어떠한 영향을 주었는지를 숙고해본다. 그 사건이 자신의 신념과 감정만이 아니라 인간관계와 삶에 대한 태도와 철학에 준 부정적인 영향을 생각해보고 반대로 긍정적인 측면도 찾아본다. 어떤 긍정적인 면이 있는지 생각해보자.

- 그 사건을 다른 시각과 관점에서 보려고 해본다. 그 사건의 원인과 과정과 결과를 새로운 시각과 관점에서 바라보고 생각해본다. '아하!' 하는 새로운 깨달음이 있는지 성찰해본다.

- 그 사건을 좀 더 일관성 있고 의미 있는 인생의 이야기로 만들어본다. 그 사건에 어떠한 의미를 부여할 수 있는지 숙고해보고, 인생 전체의 더 큰 그림의 맥락에서 어떠한 의미가 있는지 생각해본다. 그 사건을 통해 자신이 배운 삶의 교훈은 무엇인지 발견해본다.

트라우마와 같은 깊은 상처와 고통의 경험 후에 자신의 경험을 구체적으로 말하고 이야기를 만들어가며 인생의 새로운 의미를 파악한 책으로 빅터 프랑클(Victor Frankl)의 자전적 체험의 글

인『그럼에도 불구하고 예라고 대답할 수 있다』가 있다.[6]

프랑클은 유대인 정신과 의사로서 제2차 세계대전 중 나치 독일에 의해 아우슈비츠 등 여러 유대인 강제수용소에 수감된 후 살아남은 생존자다. 프랑클은 오스트리아의 비엔나의과대학 정신과 의사였는데, 유대인이었기 때문에 제2차 세계대전 중 불가피한 인생의 시련을 만나게 된다. 그는 1942년 9월부터 독일이 항복하는 1945년 5월까지 약 3년에 걸쳐 아우슈비츠를 비롯한 몇 곳의 강제수용소에서 수용되어 심한 중노동을 했다. 게다가 그는 독가스실이라는 끊임없는 죽음의 공포에 맞부딪쳐야 했고, 인간 이하의 짐승 같은 수형소 생활을 경험해야 했다. 전쟁이 끝난 뒤에야 자신이 사랑했던 부인과 부모를 상실했다는 것을 알게 되었다.

이러한 시련 속에서도 그가 죽음의 고통을 이겨낼 수 있었던 중요한 원천은 혹독한 고통을 겪으면서도 자신의 삶의 이야기를 만들어가며, 끊임없이 삶의 의미를 추구했기 때문이었다. 프랑클은 인생의 시련과 죽음 없이 인간의 삶은 결코 완성될 수 없다고 말한다. 오히려 시련과 고난의 상황이 인간에게 정신적으로 자신

---

6 빅터 프랑클의 자전적 작품인『그럼에도 불구하고 예라고 대답할 수 있다』는 한국에서는『죽음의 수용소에서』라는 제목으로, 영어권에서는 *Man's Search for Meaning* 이라는 제목으로 번역되었다.

을 준다고 보았다. 심지어는 강제수용소에서의 시간도 무엇인가 얻을 수 있는 기회를 주었다고 말한다. 자신에게 닥친 불가피한 고난의 상황을 어떻게 수용하고, 어떻게 해석하고, 그 속에서 삶의 의미를 파악하는 것이 중요하다고 본 것이다. 프랑클의 경우 그는 혹독한 시련 속에서도 삶에 대한 낙관 가운데 그 상황이 주는 살아야 하는 삶의 의미와 목적을 발견하고자 노력했고, 그것은 그가 정신적으로 초월하고 더 성장할 수 있는 삶의 기회가 되었다.

젊은이들 중에는 '젊어서 고생은 사서 한다'는 말에 극력 반대하는 사람들도 있을 것이다. 물론 인생을 살아가면서 일부러 자신의 삶에 고통을 부과할 필요는 없다. 즉, 불필요한 고통으로 스스로를 학대할 필요는 없을 것이다. 그러나 프랑클에게 불가피한 시련이 그러했듯이, 삶의 시련과 곤고함은 자신의 의지와는 다르게 찾아오기도 한다. 불가피하게 마주한 삶의 어려움과 시련을 회피하지 않고 그 상황이 주는 고난에 응답하며, 그 시련을 극복하는 데서 우리는 인생의 의미와 목적을 추구할 수 있다. 그렇게 할 때 그것은 삶의 의미 있는 이야기가 되며, 우리는 그러한 경험을 통해 더 성숙하고 용기 있는 인간이 될 수 있다.

이 장에서 다룬 20세기의 두 명의 실존 인물인 빅터 프랑클과 위르겐 몰트만은 1장에서 언급했던 트라우마 이후의 성장을 경험한 사람들의 실례이다. 그것은 위대한 종교적 인물이나 신화 속의 영웅들만이 아니라 우리와 동시대를 살아가는 사람들이 경험한 고통과 성장의 삶의 이야기이다.

우리가 겪는 트라우마와 고통은 비록 전쟁터나 강제수용소에서 겪는 것이 아닐지라도 우리도 이들처럼 인생의 한 시기에 고통의 시간을 경험한다. 또한 우리도 그 시간을 잃어버린 시간이 아닌 우리 삶의 의미 있는 시간으로 전환할 수 있는 영혼의 내적 잠재력을 갖고 있다. 프랑클과 몰트만 두 사람은 자신의 경험을 책으로 기술했다. 우리가 자신의 경험을 책으로 써서 출간하지 않을지라도, 상처와 아픈 경험들을 말하고 이야기하고 글로 써보는 것은 상처와 아픔을 치유하고 우리를 더 지혜롭게 성장하도록 도와줄 것이다.

제5장

자존감 회복

만리 길 나서는 길

처자를 내맡기며

맘 놓고 갈 만한 사람

그 사람을 그대는 가졌는가.

온 세상 다 나를 버려

마음이 외로울 때에도

'저 맘이야' 하고 믿어지는

그 사람을 그대는 가졌는가.

……

온 세상의 찬성보다도

'아니' 하고 가만히 머리를 흔들 그 한 얼굴 생각에

알뜰한 유혹을 물리치게 되는

그 사람을 그대는 가졌는가.

— 함석헌, 〈그 사람을 가졌는가〉 중에서

이 장에서는 자기에 대한 인식인 자기존중감 회복에 대해 다루고자 한다. 자존감은 자신이 가치 있으며, 사랑받을 만한 존재라는 자기 가치와 주어진 과제나 일을 잘 해낼 수 있다는 자신감으로 구성된다. 어린 시절 학대받고, 무시당하고, 비판받은 경험은 성인이 되어 낮은 자존감으로 나타나고, 타인의 시선과 평가에 민감한 사람이 되게 한다. 이 장에서는 중요한 타인들과의 경험을 통해 어린 시절부터 우리의 자존감이 형성되는 과정을 설명할 것이다. 이를 통해 독자들은 자신의 자기 가치에 대한 판단을 하고 자신감이 어떻게 형성되었는지 이해할 수 있을 것이다.

청년들은 자신의 과거에 생긴 여러 상처와 불안으로 자기 가치를 낮게 판단하거나 자신감을 결여하고 있는 경우가 많다. 두 번째 부분에서는 어떻게 자기 가치를 더 인식하고 자신의 능력에 대한 신념과 기대를 가질 수 있는지, 즉 자존감을 회복하는 구체적인 방법을 사례를 들어 설명하고자 한다.

한국 사회의 젊은이들을 둘러싸고 있는 사회 환경은 많은 스

트레스와 실패를 경험하게 만드는, 즉 자존감을 약화하는 상황들
이라고 할 수 있다. 이러한 상황에서 자존감을 지켜내고 향상시
키며 살아갈 수 있는 방법에 대해 고민해보고자 한다.

1. 자존감 형성 과정

1) 자존감이란?

자존감(self-esteem)이란 무엇인가? 자존감이란 자기존중감의
약자로 자기에 대한 인식을 나타내는 용어이다. 한자어 '자존'(自
尊)이란 말 그대로 자기 스스로를 존중하는, 즉 자기의 가치와 능
력에 대한 긍정적인 인식과 평가라고 할 수 있다. 자기에 대한 올
바른 인식과 평가는 자신의 삶의 만족과 행복, 인간관계에 큰 영
향을 미친다. 그렇기에 자존감은 우리 삶에서 중요하다.

일반적으로 자존감은 두 가지로 구성된다. 하나는 자기 가치
(self-worth)에 대한 인식과 평가이고, 다른 하나는 자기 능력(com-
petence)에 대한 인식과 평가라고 할 수 있다.[1] 자기 가치에 대한

---

[1] Christopher Mruk, *Self-Esteem Research, Theory, and Practice: Toward a Posi-
tive Psychology of Self-Esteem* 3rd Edition (New York: Springer Publishing
Company, 2006), 19-21.

긍정적 인식이란 나는 사랑과 관심을 받을 만한 가치가 있는 소중한 사람이라고 스스로를 생각하는 것이다. 즉 자기 가치에 대한 긍정적 인식과 태도를 갖는 것이다. 자기 능력에 대한 긍정적 인식이란 자신에게 대해 주어진 일을 잘 해낼 수 있다는, 어떤 성과를 낼 만한 유능한 사람이라고 인식하는 것이다. 이러한 자기 가치에 대한 인식과 자신감이 높은 사람은 외부의 부정적인 평가에도 잘 견뎌낼 수 있고, 자신에 대한 독립적인 평가를 할 수 있다.

일반적으로 정서적으로 건강하고 심리적으로 성숙한 사람은 안정되고 높은 자기존중감을 갖는다고 말한다. 자존감이 낮은 사람은 불안과 분노 등의 부정적 심리 경험에 노출될 가능성이 큰 반면, 자존감이 높은 사람은 그러한 가능성이 적은 경향을 보인다. 자존감은 우리의 감정만이 아니라 욕구와 판단, 자아상, 독립성, 공감능력, 협동성, 성취도 등에 영향을 준다.

행복한 삶을 살기 위해서는 젊은 시절 성취하고자 하는 그 어떤 것보다 자신의 소중한 가치를 인식하고 자신의 능력에 대한 신념을 갖고 살아가는 것이 중요하다고 할 수 있다. 그런 점에서 젊은이들이 자신의 스펙을 높이기 위해 성적이나 토익 점수, 어학연수 등에 들이는 노력의 절반만이라도 자신의 자존감을 이해하고 자존감을 향상하기 위해 노력한다면 더 행복하고 가치 있는 삶을 살아갈 수 있을 것이다.

2) 자존감 형성 과정

자존감은 어떻게 형성되는가? 어린 시절 가장 중요한 타자들과의 관계적 경험이 우리의 자존감 형성에 가장 큰 영향을 미친다고한다. 가장 중요한 타자들이라면 부모님과 조부모님, 형제자매와선생님, 친구 등을 가리킨다. 이들과의 관계적 경험이 우리의 자존감 형성에 중요한 원인이 된다고 할 수 있다.

부모님의 양육 태도와 아이들의 행동에 대한 반응을 통해 자존감은 4~5세경에 형성된다. 태어나서 18개월 미만 영아의 양육에서 어머니의 역할은 절대적이다. 엄마가 아이의 먹는 것과배변 등의 생물학적 욕구와 안아주고 함께 있어 주는 관계적 욕구에 잘 반응해줄 때 아이는 충분히 좋은 환경을 통해 엄마에 대한신뢰를 발전시키고 그것은 아이 자신에 대한 신뢰와 아이가 새로운 세상을 탐색할 수 있는 자신감으로 발전한다.

유아가 성장하면서 아이 스스로 시도하고 성취할 수 있도록하는 자율성을 주는 양육 태도와 부모의 아이에 대한 공감적인양육 태도가 아이의 자존감 형성에 중요하다. 아이가 할 수 있는것을 부모가 대신해주지 않고 아이가 자기주도적으로 할 수 있도록 격려하여 아이의 자율성을 키우는 것도 필수다. 부모가 아이의 감정 상태를 잘 읽어주면 아이는 부모와의 정서적 유대감을갖게 되고, 그 유대감을 바탕으로 정서적 안전감을 발전시킨다.

이러한 정서적 유대감와 안전감은 아이의 자존감 발달에 토대가 된다.

반면, 우리가 어린 시절 부모에게 받았던 비난과 비교의 부정적 경험들은 아이의 자존감 형성에 나쁜 영향을 미친다. 다른 형제자매들과 비교하여 "너희 누나는 이렇게 잘 하는데 너는 왜 이 모양이니?" 같은 부모의 비교하는 말들은 아이의 자존감 형성에 부정적인 영향을 미친다. 부모의 모습은 아기의 자기 개념 형성에 거울 역할을 한다. 아이의 바깥세상의 탐색에서 부모의 통제와 비판, 강압적인 방식 그리고 아이가 하고 싶은 방식대로 무절제하게 양육하는 방식은 자존감 형성에 부정적인 영향을 준다. 아이의 성장에 새로운 경험 기회를 제공하고 부모가 통제하지 않으며, 아이의 자율과 주도적 성취에 맡기고 부모는 아이를 격려하고 공감해줄 때 아이는 높은 자존감을 형성하게 된다.

아이가 좀 더 성장하여 유치원에 들어가면 부모의 양육 태도와 반응만이 아니라 보육이나 학습을 담당하는 선생님이나 또래 친구들과의 관계도 자존감 형성에 중요한 영향을 미친다. 아이가 유치원과 초등학교에 들어가면 집에서와는 다른 새로운 규칙을 익혀야 하며 또래 친구들과 서로 비교우위를 경험하면서 경쟁을 해야 한다. 이러한 일련의 경험 속에서 자존감은 변화되고 공고화된다. 그런 점에서 어린 시절 유치원과 초등학교에서의 경험은 자존감 형성에 많은 영향을 준다.

초등학교 시절 학업성적이 나쁘다고 담임선생님에게 또래 친구들 앞에서 공개적으로 받은 지적과 나무람은 커다란 수치심과 함께 '나는 무능력하고 바보인가' 하는 자기비하적 생각을 가져오게 한다. 어린 시절 어른들이 말하는 것은 아이의 마음에 큰 영향을 준다. 이러한 자존감에 상처를 주는 부정적인 경험들은 자신의 가치와 능력에 대한 의심을 품게 하고 남의 판단과 평가에 민감하게 반응하고 자꾸 의식하게 만든다. 반면 부모님과 선생님에게 들은 공감 어린 칭찬과 격려, 학업이나 신체 활동에서의 성취는 자존감을 높여준다.

살아가면서 심리 상태가 지속적으로 변하듯 자존감의 변화도 어린 시절에 고정되어 있는 것은 아니다. 자존감은 현실의 경험 속에서 오랜 시간에 걸쳐 형성되지만 그것은 청소년기와 성인기를 거치면서 새로운 경험들을 통해 자기 자신의 대처와 노력에 따라, 자신이 속한 환경과 상황에 따라 계속해서 바뀐다. 우리가 경험하는 새로운 경험과 상황에 따라 자존감은 영향을 받지만, 반면 높은 자존감은 현재의 어려운 상황들을 견뎌낼 수 있게 해준다.

앞 장에서 설명한 자신의 부정적 상처의 경험을 이야기하고 의미를 부여하는 것은 상처받은 자존감을 회복하는 한 방법이다. 즉 어린 시절의 상처를 치유해나가는 것은 상처받은 자존감을 바꿔나가는 과정이라고 할 수 있다. 그러나 과거의 상처가 없어진 다고 해서 곧바로 자존감이 온전히 회복되는 것은 아니다. 그렇기에 아래에서 자존감을 높일 수 있는 여러 가지 실천적 방법을 소개하겠다.

【자존감 - 자존심 - 자기애】

자존심은 국어사전에서 "남에게 굽히지 아니하고 자신의 품위를 지키려는 마음."이라고 풀이하며 영어로는 'hubristic pride' 또는 'self-respect'라고 쓴다. 자존심은 남과의 관계 또는 경쟁적 관계 속에서 자신의 자부심이나 품위를 지키고자 하는 정서적 상태를 가리키는 것이다. 일상 언어에서 '자존심이 강하다(세다)', '자존심이 상한다'라는 말을 자주 쓴다. 그처럼 자존심이라는 말은 타인을 의식하는 측면이 강하다. 나의 자존심이 강하거나 상하는 것은 타인과의 의식적인 인간관계에서 나타나는 것이다. 반면 우리가 이 장에서 사용하는 자존감은 타인을 의식하며 남과의 경쟁적인 관계에서 사용하는 말은 아니다. 자존심은 자신의 가치와 품격을 지키고자 한다는 점에서는 자존감과 유사한 측면이 있지만, 위에서 설명한 것 같이 남과의 관계를 의식하고 비교하는 분명한 차이가 있다.

자존감이 너무 강하면 공주병처럼 자기에 대한 과대망상이나 물에 비친 자신의 모습과 사랑에 빠진 그리스 신화의 나르키소스처럼 자기도취적 사랑에 빠지는 것이 아닌가 생각하기도 한다. 정신분석학에서는 유아 시절의 자기애를 건전한 성장 과정의 일부로 여긴다. 사람이 자기애 어느 정도 갖는 것을 부정적으로 보지는 않는다. 그러나 공주병이나 왕자병 같이 자기애가 너무 강해 자기 자신을 과대평가해서 자기도취에 빠지고, 반면 남을 무시하거나 존중하지 않으면서 자기중심적으로 오만하게 행동하는 것을 자기애적 성격장애로 판단한다.

자존감이 높다는 것은 이러한 자기애적인 성격을 의미하는 것은 아니다. 자존감을 회복하고 자존감이 높은 사람이 된다는 것은 정직하게 현실에 입각하여 자기 자신을 인정하고 수용할 수 있고, 타인의 시선으로부터 자유롭지만 타인을 배려할 수 있으며, 내면의 자신감을 갖는 것을 의미한다. 자신의 가치와 능력을 믿는 사람은 자신의 부족한 면을 인정하고 수용할 수 있는 것이다.

2. 자존감 고양법

1) 남들의 생각과 판단에 좌우되지 말고 자신의 가치를 인식하기

자존감이 낮은 사람, 즉 자기 가치에 대한 인식이 낮은 사람은 남들이 자신을 어떻게 생각하는가에 매우 민감하다. 그래서 남들이 하는 말 한마디에 또는 남들의 시선에 민감하고 그것으로 인해 심각하게 고민하기도 한다. 그런 사람은 다른 사람들의 평가와 판단에 민감하기 때문에 자기 만족도가 낮을 수밖에 없으며 스스로 우울해지기 쉽다.

자존감이 낮은 상태에서 놓여나려면 먼저 타인의 시선과 평가로부터 벗어나 자기 자신을 있는 그대로 수용하여 자기 가치를 인식하는 것이 중요하다. 먼저 나 자신을 있는 그대로 받아들이고 인정할 수 있어야 한다. 어느 누구도 완벽하고 완전한 사람은 없다. 있는 그대로의 자신을 받아들여 자신의 내적 가치를 인식할 수 있어야 한다. 그리고 '나 자신은 특별한 가치를 갖고 이 땅에 태어난 사람이야'라는 자기 가치와 자기의 소중함에 대한 인식을 지녀야 한다.

그런 점에서 자기 가치를 인식하는 방법으로 먼저 자기 스스로를 가치 있다고 생각하고, 자랑스럽게 여기는 시각으로 바꿀 필요가 있다. 이제까지 자기 스스로를 자랑스럽게 생각해오지 못했다면 이제는 "나는 내가 자랑스러워"라는 말을 마음속에 새기고 또 새겨야 한다. 자신이 자랑스럽고 특별하다는 것을 인식하기 위해서 자신이 왜 자랑스러운지, 어떠한 점이 특별한지 그 이유들을 생각해보고 그것들을 종이에 적어보자. 글로 쓴 것을 코팅해서 책상 위에 두고 항상 보며 연습을 하자. 나는 자랑스럽고 가치 있는 사람이라는 자기 암시를 계속해서 줄 수 있을 것이다.

【너는 특별하단다!(You are special!)】

미국의 작가인 맥스 루케이도(Max Lucado)가 쓴 『너는 특별하단다』(*You are special!*)라는 동화가 있다. 이 이야기에는 나무인형들인 웸믹들이 살아가는 마을이 나온다. 나무인형들은 서로 경쟁을 통해 성공을 하면 금별표를 그리고 실패를 하면 벌점표를 붙여주며 분주하게 살아간다.

이 이야기의 주인공 판치넬로는 하는 일마다 실패하고 마침내는 스스로를 비하하는 열등감에 빠진 나무인형으로 나온다. 실패로 인해 벌점표 투성이인 판치넬로는 금별표를 받기 위해 물수제비 놀이를 하지만 그마저도 실패하고 말자 '나는 바보인

가봐' 하고 스스로를 자책하고 자기비하와 열등감에 빠진다. 그러나 판치넬로는 같은 나무인형인 루시아를 만나 삶에 새로운 전기를 얻는다. 다른 나무인형들과 달리 몸에 금별표도 벌점표도 없던 루시아는 판치넬로에게 금별표와 벌점표로부터 자유로운 삶을 살아갈 수 있는 방법을 알려준다. 루시아의 대답은 "남들이 생각하는 것은 중요하지 않아", "아주 쉬워! 매일 엘리 아저씨를 만나러 가면 돼"였다.

루시아를 통해서 나무인형들을 만든 엘리 아저씨를 만난 판치넬로는 엘리 아저씨에게 "너는 내가 만들었기 때문에 아주 특별하고 소중하단다"라는 말을 듣는다. 자신이 무능력한 인형이 아니라 소중하고 특별한 가치를 갖고 만들어진 나무인형이란 것을 알게 된 판치넬로는 이제 자기비하와 열등감에서 벗어나 자기 인생의 길을 묵묵히 스스로 걷는다.

이 이야기는 세상에서 심한 경쟁과 성공의 추구 가운데 남을 판단하고 무시하는 사회 환경 속에서 자기비하와 열등감에 빠지기도 하고 때로는 자만감에 빠져 살아가는 우리에게 많은 것을 생각하게 해준다. 루시아의 말과 같이 '남들이 생각하는 것'이 중요한 것이 아니라 '내가 나를 어떻게 보느냐'가 중요하다. 엘리 아저씨가 판치넬로를 특별하게 만들었듯이 나라는 존재는 창조주가 만든 특별하고 소중한 존재라는 깨달음을 갖고 살아가는 것이 중요하다. 판치넬로의 경험처럼 남의 생각과 판단에 좌우되지 않고, 우리는 하나님에 의해 창조된 소중하고 특별한 존재라는 것을 인식하며 살아가자.

2) 남과 비교하는 습관 버리고 자신의 장점에 초점 맞추기

한국 사회는 경쟁이 심하고 집단주의적 성격이 강하다. 그러기에 개성을 준중받기보다는 사회의 유행에 따라 남과 비교하는 말들을 종종 들어야 한다. 과거 유행했던 '엄친아'(엄마 친구 아들)라는 말처럼 능력이 탁월한 누군가와 비교하고 경쟁을 조장하는 분위기가 강하다.

"엄마 친구 아들은 공부 잘해서 서울대 갔는데 너는 뭐 하나?" 사실 서울대나 그에 준하는 명문대학에 들어가는 학생은 전체 입시생의 1% 이하이다. 실제로 '엄친아', '엄친딸'의 조건을 가진 사람이 얼마나 되는가? 대학교 1학년에 들어오는 학생들도 입시라는 격심한 경쟁을 거쳐 기쁨 가운데 대학교에 들어오지만 동시에 더 좋은 대학을 가지 못한 것에 대한 불만족과 비교로부터 오는 열등감을 갖고 들어온다. 어떤 학생은 반대로 상당한 자만심을 갖고 대학생활을 시작한다.

이러한 과정은 대학입시만이 아니라 우리 인생에서 계속 반복된다. 우리는 취업과 승진과 성공을 위해 경쟁을 하고 때로는 자만하기도 하지만 실패로 인해 낙담하고 우울해할 경우가 더 많다. 그렇기에 남과 비교하기 시작하면 우울해지고 상처받을 수밖에 없다. 자신의 가치와 자랑스러움을 인식하기 위해서 먼저 우리 스스로 남들과 비교하는 습관에서 벗어나야 한다.

필자도 같은 시기 미국에서 함께 유학 생활을 했던 사람들 중에 사회적으로 상당히 인정받는 자리에 간 사람들을 알고 있다. 그 사람들과 나의 상황을 비교하면 위축되고 속상할 수밖에 없다. 그러나 굳이 남과 비교할 필요가 없다. 오히려 자신의 장점에 초점을 맞추는 것이 바람직하다. 인간이 갖고 있는 능력은 다양하다. 지능도 공부하는 두뇌만 있는 것이 아니라 다양한 능력으로 구성된 다중지능이다. 그런 면에서 남들보다 내가 더 잘할 수 있는 장점과 능력을 발견하고 그것에 초점을 맞추고 집중하면 인생에서 더 큰 성취를 이룰 수 있다. 인생의 성취와 자존감은 상호 연관된다. 남과 비교하지 않고 자신의 장점과 유능한 능력에 집중하는 것이 자존감을 향상시키고 인생에서 더 큰 성취를 이루게 한다.

3) 새로운 긍정적·성공적 경험을 시도하기

자존감을 높이기 위해서 새로운 긍정적인 경험을 시도하고 그것이 성공적인 경험이 된다면 그것은 자존감의 향상에 많은 도움을 준다. 자존감이 낮다는 것은 어린 시절부터 실패와 비난받기와 같은 부정적인 경험들을 많이 체험했다는 것을 의미한다. 그와 반대되는 긍정적이고 성공적인 경험을 시도하고 경험한다면 자존감은 향상될 것이다.

어떠한 형태의 긍정적 경험도 도움이 될 수 있지만 먼저 시도해볼 수 있는 것은 마음먹기에 따라서 언제나 시도할 수 있는 신체적인 긍정 경험을 추천하고 싶다. 달리기와 등산 같은 신체적 활동을 하는 것은 단순히 신체의 변화만이 아니라 뇌의 신경세포와 신경전달 물질에도 영향을 준다. 일상생활이 바쁠지라도 일주일에 한 번씩 가까운 산을 찾아 등산을 하거나 친구들과 함께 축구와 농구 등의 신체적 활동을 해보자. 신체 운동은 우리에게 살아 있음을 느끼게 해주고 자신감을 심어준다. 특별히 10km 단축 마라톤과 같은 신체 활동에서 자신이 달성할 수 있는 목표를 정하고 수 개월간 꾸준히 조깅을 연습하여 완주를 해보자. 이전에 경험하지 못한 높은 자기 성취감을 체험하게 될 것이다.

성공 경험과 관련하여 심리학에서는 자기효능감(self-effica-cy)이라는 개념을 사용하는데, 이는 상황을 극복할 수 있고 주어진 목표나 과제를 자신의 능력으로 성공적으로 실행할 수 있다는 자기 자신의 능력에 대한 신념과 관련된다.[2] 자신감과 비슷하지만 개인적인 능력에 대한 판단과 관련된다. 이러한 자기효능감을 개발하는 데에 가장 효과적인 방법이 바로 성공 경험(mastery ex-periences)을 체험하는 것이다. 성공 경험은 개인의 효능감을 형성하고 강화한다. 자기효능감이 높아지면 과제에 대한 집중과 지속성을 통해 성취 수준을 더 높일 수 있다.

예를 들어 자기효능감을 높이기 위해 공부에 매진할 때, 이번 학기 성적 목표를 정하거나 또는 장학금을 받기 위한 목표를 세우고 열심히 공부에 집중해서 정해진 목표를 성취한다면 이는 좋은 성공 경험이 될 것이다. 이러한 성공 경험은 '나도 하면 하는 사람이야'라는 자기 능력에 대한 강한 신념을 주게 된다.

여행 등의 새로운 경험을 시도하고 체험하는 것도 하나의 성공 경험으로 자신의 능력에 대한 자신감을 갖게 하여 자존감을 향상시킨다.

필자는 대학을 졸업할 무렵인 1990년대 후반에 동남아시아의 말레이반도로 여행을 간 적이 있다. 당시 싱가포르의 창이공

---

2 알버트 반두라, 김의철·박영신·양계민 역, 『자기효능감과 인간행동: 이론적 기초와 발달적 분석』(서울: 교육과학사, 1999), 34, 61, 184.

항에서 시작하여 태국 방콕의 중앙역까지 약 2,000km를 배낭 하나 둘러메고 말레이반도를 종단했다. 비행기 삯을 아끼느라 창이 공항에 한밤중에 도착하여 공항에서 씻고—이미 이전에 싱가포르 관광은 했으므로—버스를 타고 아침에 싱가포르와 말레이시아 국경을 넘어서 말레이시아 동해안과 태국의 서해안(안다만해)과 방콕에 이르기까지 10여 일에 걸친 여행을 하였다. 더운 날씨였지만 때로는 걷기도 하고, 버스도 타고, 열차도 타면서 말레이반도의 해안 길을 일주일간 주파했다. 무더운 날씨에 걸어 다니느라 여행 후 약 3kg 몸무게가 빠졌는데 인생에서 처음으로 홀로 긴 거리를 국경을 넘어서 여행을 하고 난 뒤에 스스로가 대견해지면서 자랑스럽다는 느낌을 갖게 되었다. 그 여행은 필자에게 평생 잊히지 않는 소중한 경험이 되었고, 나 자신에게 넓은 세상으로 용기를 갖고 나아갈 수 있는 큰 자신감을 부여해준 긍정적이고 성공적인 경험이 되었다.

4) 긍정적인 자기 대화 하기

우리는 끊임없이 자기 자신과 대화를 하면서 살아간다. 자기 대화(Self-Talk)란 은밀한 가운데 자기 자신의 삶과 이 세상에서 일어나는 일에 관해 자기 자신과 나누는 대화를 가리킨다. 자기 대화는 습관적이고 많은 부분 무의식적이라고 할 수 있다. 자기 대화는 지속적으로 이루어지는데 그것은 마치 호흡하는 것과 같다. 산과 숲에 둘러싸여 맑은 공기를 마시고 사는 사람이 오염되고 미세먼지가 가득한 환경에서 사는 사람보다 건강하게 살아갈 수 있는 것처럼 끊임없이 스스로와 하는 자기 대화는 우리의 생각과 감정, 행동에 큰 영향을 미친다.

'나는 안 돼', '내가 하는 일에는 미래가 없어', '그렇게 해봤자 소용없어', '제대로 되는 일이 없어'와 같이 사람들이 많이 하는 부정적 자기 대화에는 자신에 대한 부정과 체념, 무능, 비관적인 미래에 대한 걱정과 불안의 생각과 감정이 지배한다. 이러한 부정적인 자기 대화는 부정적인 자기 이미지와 신념과 기대를 낳고 그것은 행동에 영향을 미친다. 그런 면에서 이러한 자신의 자기 대화의 모습을 알고 긍정적인 새로운 자기 대화로 전환이 필요하다. 첫 부분에서 이야기한 '나는 특별한 가치를 갖고 태어난 사람이야', '나는 내가 자랑스러워'라고 긍정하는 것이 자존감 향상을 위한 변화된 자기 대화의 모습이다. 자기 대화를 변화시키려면 먼저 나는 어떠한 자기 대화를 하는지 관찰하고, 그것을 글로 적고, 그것을 대체할 새로운 자기 대화를 만들어가면 좋을 것이다.

예를 들어, '취업이 어려워서 잘될 것 같지 않아'라는 자기 대화를 하고 있다면 '나는 일을 잘할 수 있는 충분한 자질이 있어'로, '이번 인생은 망했어'라는 자기 대화에는 '한번 뿐인 인생 멋지게 살아봐야지'로 의식적으로 개선해가는 것이다.

긍정적인 새로운 자기 대화가 단순히 긍정적인 사고를 의미하는 것은 아니다. 긍정적인 자기 대화는 이전까지 습관적으로 자동화된 부정적 사고와 감정과 신념을 긍정적으로 변화시켜 자신의 문제를 개선해나가는 것이고, 그것은 개인적인 정직과 합리성에 기반해야 한다. 야구에 재능이 없는데도 '나는 뛰어난 야구선수가 될 자질이 있어'라든가 '한 달에 20kg 감량 다이어트에 성공할 수 있어'와 같은 비합리적인 자기 대화는 바람직하지 않다. 진실과 실제에 기반한 긍정적인 자기 대화를 통해 우리는 긍정적인 자아상과 신념과 도전의식을 갖고 자신의 목표를 향해 나아갈 수 있게 된다.

5) 바꿀 수 없는 현실 수용과 변화시킬 수 있는 것 바꾸기

세상을 살다보면 적극적으로 노력해도 성사되지 않는 일들이 있다. 그러나 그것을 실패로 여기고 열등감에 빠진다면 그것은 스스로의 가치와 능력을 저하시키는 결과를 낳는다. 아무리 노력해도 바꿀 수 없는 일들을 수용할 수 있을 때 마음은 평온해진다.

20세기 미국의 대표적 신학자인 라인홀드 니버(Reinhond Niebuhr)는 1930년대 후반 오늘날 〈평온의 기도〉(serenity prayer)로 알려진 기도문을 그의 저서에서 밝힌 바 있다. 다음은 라인

홀드 니버의 평온의 기도문이다.

주님, 우리에게 우리가 변화시킬 수 없는 것을 평온하게 받아
들이는 은혜와 바꿔야 할 것을 변화시킬 수 있는 용기 그리고
이 둘을 분별하는 지혜를 허락하소서.
God, give me grace to accept with serenity the things
that cannot be changed, courage to change the things
which should be changed, and the Wisdom to dis-
tinguish the one from the other.

우리 삶에는 변화시킬 수 없는 그래서 평온한 마음으로 수용
해야만 하는 일들이 있다. 부모와 관계가 나빠서 마음에 고통을
갖고 살아가는 사람들도 있다. 그러나 그러한 부모를 만난 것은
숙명이다. 필자의 대학 시절 선배 한 분이 키가 작아 심한 열등감
을 갖고 살아갔고, 그것이 술을 마시면 폭력적인 형태로 나타나
기도 했다. 키가 작다고 해도 다리를 늘려 키를 늘릴 수는 없다.
이처럼 우리가 아무리 노력해도 바꿀 수 없는 것이 세상에는 있
다. 그렇지만 세상일에는 우리 스스로 변화하고자 하는 의지와
용기를 갖는다면 바꿀 수 있는 일들이 많이 있다. 그러나 많은 경
우 그러한 바꿀 수 있는 일들을 시도하지 않는다. 그렇기 때문에

변화시킬 수 있는 것들을 바꾸고자 하는 용기가 필요하고 그 두 가지를 분별할 수 있는 지혜가 중요하다. 그런 점에서 이 기도문을 우리의 일상에서 실천하며 살아가는 것은 진정한 지혜를 갖고 자신의 열등감에서 벗어나 적극적으로 변화하는 삶을 살아가는 것이 된다.

알코올이나 도박 중독을 치유하는 자조모임인 A.A.나 G.A.에 가면 니버의 〈평온의 기도〉를 모임 장소에 걸어놓은 것을 볼 수 있다. 물질이나 행위에 중독된 사람은 통제능력을 상실했지만 회복의 시작은 그것을 수용하는 것에서부터 출발한다. 조절능력의 상실에도 불구하고 중독에서 회복되기로 결심한 중독회복자는 자신이 변화시킬 수 있는 많은 것을 갖고 있다. 그리고 자신이 변화시킬 수 있는 것들을 실천하는 것이다.

다음은 라인홀드 니버의 평온의 기도와 유사한 깨달음을 얻은 필자의 수업을 들었던 한 학생의 경험이다. 이 학생은 초등학교 시절 같은 반의 짓궂은 남학생들에게 "넌 못생겼어"라는 놀림을 받은 뒤로 그것이 마음속 깊은 상처가 되었다. 쾌활한 성격의 소유자였음에도 남자들과 눈을 마주치거나 대화하는 데에 어려움을 겪었고 아르바이트를 할 때도 남자 손님들을 응대하는 것에 힘들어했다. 그러나 아버지가 추천해주신 사흘간의 치유 세미나에 참석하면서 자신의 상처에 대한 치유와 삶의 태도가 변화하는 중요한 깨달음을 얻었다.

강의 마지막 시간에는 강연 주제이자 결론을 강사가 말씀해주기로 했고 모든 사람은 큰 기대를 하고 있었습니다. 밤은 깊었고, 모두들 강사님 입에서 마치 마법사가 주문을 외우듯 모든 일을 변화시킬 수 있는 말을 해줄 것을 기대했습니다. 강사님은 이렇게 말했습니다. "그 일은 이미 일어났습니다." 그때는 그 말이 너무 간결하고, 무슨 말인지 이해도 가지 않았습니다. 이해되지 않은 사람들이 질문을 하자 강사님은 같은 말만 반복할 뿐이었습니다. "아니, 내가 이 말을 들으려고 큰돈을 쓰고 아까운 시간을 투자했나?" 하는 생각이 들었습니다. 하지만 그때는 몰랐습니다. 그 말이 저에게 얼마나 큰 도움이 될지를…….

제가 걱정하고 고민하는 일은 이미 일어난 일이었습니다. 지금 다시 생각하고 고민해봤자 달라지는 것은 없습니다. 그러한 상황에서 '그럼에도 불구하고 내가 할 수 있는 것은 무엇인지'를 생각하는 것입니다.

저는 일상생활에서 짜증을 느끼는 경우가 많습니다. 아침마다 학교를 갈 때 버스와 전철을 타야 하는데 하나라도 놓치면 지각을 하게 됩니다. 그러면 그때부터 짜증과 불안이 밀려

옵니다. '아 어떡하지. 이대로 가다간 지각할 텐데. 조금만 일찍 나올걸. 왜 오늘 늦장을 부렸을까?' 이런 부정적인 생각을 등교하는 한 시간 반 동안 계속하는 것입니다. 하지만 차를 놓치면 지각한다는 사실에는 변함이 없다고 생각하니 전혀 짜증이 나지 않았습니다. 버스를 놓쳤으면 '내가 버스를 놓쳤구나' 그냥 그대로 생각하며 받아들이는 것입니다. 그리고 제가 할 수 있는 것을 생각합니다.

이 학생의 깨달음처럼 우리는 과거의 시간을 되돌릴 수 없다. 그것은 이미 일어난 일이다. 유행가의 노래 가사에도 나오듯 '지나간 것은 지나간 대로 그런 의미가 있'을 뿐이다. 지나간 과거를 다시 살 수는 없으며 다만 의미를 부여해 새롭게 해석할 수 있을 뿐이다. 이미 지나가버린 과거 사건에 집착하지 말고 지금 자신이 할 수 있는 것, 즉 바꿀 수 있는 것에 초점을 맞추고 현재 자신이 할 수 있는 것을 해야 한다.

6) 좋은 사람을 만나고 좋은 관계 경험하기

자존감의 형성에서 중요한 것은 우리의 관계적 경험이다. 부정적 관계 경험이 아니라 그것을 교정하는 새로운 긍정적인 관계 경험은 부정적인 정서와 상처를 치유한다. 이것을 가리켜 심리학에서는 교정적 정서경험(corrective emotional experiences)이라 부른다. 이 용어를 처음 사용한 정신분석학자 프란츠 알렉산더(Franz Alexander)는 이러한 교정적 정서경험이 상담자와 내담자의 전이 관계에서만이 아니라 일상의 삶에서 일어날 수 있다고 말한다. 실제로 이러한 긍정적인 정서경험을 일상의 삶에서 경험하는 것이 상담보다도 더 지속적인 변화를 이끌어올 수 있다.

예를 들어, 어린 시절 부모에게 공감을 받지 못했지만 성장해서 배우자에게 공감을 받을 때, 어린 시절 아버지에게 받지 못한 사랑을 아버지 연배의 선생님에게 받을 때 우리가 갖고 있던 부정적인 정서는 긍정적인 정서 경험 안에서 변화한다. 그런 점에서 자신을 이해주고, 믿어주고, 격려해고, 사랑해주는 사람을 만나는 것이 자존감의 회복만이 아니라 행복한 삶을 살아가는 데에 많은 도움이 된다.

특히 이것은 배우자를 선택하는 데에 매우 중요하다. 어린 시절 상처가 많은 사람이라면 상대 파트너가 따뜻하고 밝은 정서적 경험을 한 사람을 배우자로 만나서 살아가는 것이 삶의 행복에 도움이 된다. 그런 점에서 자신의 이야기를 잘 경청해주고 삶의 이야기에 고개를 끄덕이며 공감해주는 사람을 만나는 것은 행복한 일일 것이다.

【믿어주고 격려해주고 사랑해주는 사람의 중요성】

캘리포니아 주립대학의 에이미 워너(Emmy Werner) 박사를 비롯한 아동발달과 정신건강에 관한 연구팀은 1955년 미국 하와이 카우아이(Kauai) 섬에서 태어난 아이 698명에 대한 40년간에 걸친 심리학적 종단 연구를 시작했다. '카우아이 섬 종단 연구'로 명명된 대규모 심리학 실험이다.3

신생아 698명 중 210명은 그들이 두 살이 될 때까지 '만성적인 가난, 부모의 정신질환과 알코올중독, 만성적 가정불화, 부모의 이혼, 어머니의 저학력 등'의 위험요소 중에서 네 가지 이상의 위험요소를 가진 '고위험군'으로 분리된 가정환경에서 태어났다. 당시 이 연구를 진행했던 연구팀은 이 고위험군에 속한 아이 210명 대부분이 사회부적응자로 성장할 것이라고 가정했다. 연구팀의 예상대로 3분의 2의 아이들은 성장을 하면서 학습장애나 행동장애와 청소년 시절의 비행기록 또는 정신건강의 문제를 발생시켰다. 그러나 예상과 달리 210명 중 3분의 1에 해당하는 72명은 제대로 된 부모의 돌봄을 받지 못했지만, 좋은 환경에서 자란 아이들 못지않게 더 능력 있고, 자신감 있고, 남을 돌볼 줄 아는 성인으로 성장했다. 그들은 학교생활과 직업적 성취에서도 성공적이었고, 그들의 나이 40이 될 때까지 가정과 사회생활에서 경제적으로 안정적인 가정환경에서 자란 아이들 못지않거나 또는 더 뛰어났다.

이 72명은 무엇이 달랐을까? 에이미 워너 박사는 어린 시절 고통과 좌절을 경험하면서도 잘 자란 아이 72명이 갖고 있었던 특별한 공통점을 발견한다. 그것은 아이들의 성장 과정에서 그들의 필요를 채워줄 수 있는 정서적으로 안정된 돌봄을 주었던 최소한 한 사람 이상의 사람과의 관계였다. 아이들을 믿어주고 격려해주며, 무조건적인 사랑을 베풀어주는 최소한 한 사람 이상의 존재. 의지할 수 없는 부모 대신 조부모나 더 나이 많은 형제자매, 삼촌과 이모, 또는 그들이 좋아하는 선생님, 교회의 성직자가 그들을 위한 돌봄의 역할을 대신해주었다. 어려운 가정환경과 실패와 좌절의 환경 속에서도 성공적으로 성장한 아이들 주변에는 최소 한 명 이상의 따뜻하고 민감한 돌봄을 제공해줄 수 있었던 사람이 있었던 것입니다.

이 카우아이 섬 종단 연구를 통해 우리가 알 수 있는 것은 인간이 행복하고 건강한 삶을 살 수 있는 존재로 성장하기 위해서 우리에게는 우리를 믿어주고 무조건적인 사랑과 돌봄을 베풀어주는 그러한 사람이 필요하다는 것이다. 우리가 행복하고 성공적인 삶을 살기 위해서는 우리를 신뢰해주고, 안아주고, 격려해주고, 무조건적인 사랑을 베풀어줌을 통해 우리의 가치를 알아주는 그 사람이 있어야 한다는 것이다. 우리가 현재 건강하고 행복한 삶을 살아간다면 우리에게는 어린 시절에 그러한 역할을 해주었던 누군가 있었다는 것이다. 대개는 부모가 그러한 역할을 맡는다. 그러나 카우아이 섬 종단 연구가 보여주는 것은 부모가 그 사람의 역할을 해줄 수 없을 때 가정에서 조부모나 친척, 공동체의 성직자 또는 선생님 같은 다른 누군가가 그 사람의 역할을 대신해줄 수 있다는 것이다.

7) 자기표현하기와 자기주장하기

자신감을 갖고 자신이 추구하는 가치와 생각을 드러내는 것은 높은 자존감을 지닌 사람이 할 수 있는 것이다. 주어진 상황에서 우리는 자신의 생각과 감정을 표현하고 의견을 주장할 수 있어야 한다. 그러나 한국 사람들은 자신의 생각과 감정을 표현하거나 주장하는 것에 익숙하지 않다. 문화적인 원인도 있고 자신감이

---

3 Emmy E. Werner and Ruth S. Smith, *Journeys from Childhood to Midlife: Risk, Resilience, and Recovery* (Ithaca: Cornell University Press, 2001), 16-79.

없어서이기도 하다.

필자가 미국에서 대학원 생활을 하면서 느낀 것은 한국 사람들은 자신의 생각을 표현하는 데에 어려워한다는 점이었다. 물론 영어가 능숙하지 못했기 때문이기도 했지만 기본적으로 한국의 문화 환경은 미국 문화처럼 자신의 의견과 감정을 적극적으로 표현하도록 만드는 문화가 아니다. 문화적 원인만이 아니라 개인적으로 다른 사람들 앞에서 의견을 이야기하거나 발표하는 것에 대해 자신감이 없거나 불안해하는 사람들도 있다.

이전에 필자의 수업을 들었던 한 여학생은 밤을 새워서 발표 준비를 하고도 걱정이 되어 막상 발표를 잘하지 못하고 그것으로 인해 스스로를 자책하는 경우가 있었다. 또 어떤 사람은 무대공포증으로 많은 사람 앞에서 말하는 것을 두려워해 그 자리에 서기만 하면 눈앞이 깜깜해지며 준비해온 것을 잊어버린다. 남들을 너무 의식하고 자기 스스로에 대한 자신감이 부족하기 때문이다. 그것을 잘할 수 있다는 자신의 능력과 유능함에 대한 자신감을 가져야 하고, 설령 처음에 잘하지 못하더라도 다음번에 용기를 갖고 시도해서 성공을 하면 그다음부터는 두려움으로 방해받지 않게 된다.

인생을 살아가면서 자신이 생각하는 가치를 추구하기 위해서는 때로는 자신의 의견과 소신을 분명하고 당당하게 밝혀야 할 때가 있다. 미국 문화는 개인의 개성과 표현의 자유를 중시하기 때문에 자기 의견을 주장하는 것을 고취하고 서로 의견이 다르더라도 상대방의 의견을 일단은 들어준다. 그러나 한국 문화는 여전히 장유유서와 서열을 중시하는 유교적 권위주의가 지배하는 상황이 강하기 때문에 젊은 사람이나 서열이 낮은 사람이 자기주장을 하기에 어려울 때가 많다. 그러다 보니 직장과 같은 조직사회 내에서 자신의 생각과 의견을 제대로 표현하거나 주장하지 못하는 소극적인 태도를 보이고 그것이 습관화되어 일상생활 전반에서 자기표현과 자기주장을 못 하고 속병을 앓는 경우도 많다. 한국 사람들에게 유독 많은 화병과 한은 이러한 문화적 현실을 반영한다고 생각한다. 그러나 이것이 건강한 태도는 아니다.

우리가 자존감을 갖고 살아간다는 것은 자신감을 갖고 스스로의 생각과 감정을 표현하고 당당하게 자기 의견을 주장할 수 있는 삶을 살아가는 것을 의미한다. 다른 사람들의 시선이나 비판이 두려워 진정한 자신의 생각과 모습을 숨기거나 표현하지 못하며 사는 것은 바람직하지 않다. 물론 자기주장을 할 때는 타인의 인격과 의견도 존중해야 한다. 타인의 자존감도 존중하면서 자신의 생각과 의견을 분명하게 표현하고 주장할 수 있어야 한다.

8) 지금 여기를 충만히 살아가기

현재의 시간 속에서 살아가는 우리는 시간을 과거와 현재와 미래로 나눈다. 그렇지만 과거와 현재와 미래의 세 가지의 시간은 현재에서 파악될 뿐이다.

기독교 역사에서 교부신학을 집대성한 위대한 신학자 아우구스티누스(St. Augustine)는『고백록』에서 우리는 시간을 과거 일은 현재의 기억으로, 현재 일은 현재의 직관으로, 미래 일은 현재의 기대로 파악한다고 말한다. 결국 과거와 미래의 시간은 현재의 형태로 존재하고 있는 것이며 중요한 것은 현재라는 것이다.[4]

우리가 현재 살고 있는 지금 여기에서의 시간이 가장 중요하다. 과거로는 돌아갈 수 없고, 미래에 대해서는 아직 오지 않았기 때문에 알 수 없다. 그러나 많은 사람이 과거로 인해 괴로워하거나 아직 오지 않은 미래에 대해 불안해하며 걱정하며 살아간다. 과거의 괴로운 기억과 미래에 대한 염려에서 벗어나 지금 현재를 충만히 살아가는 것이 중요하다. 현재를 충만히 살아간다는 것은 과거에 집착하거나 미래를 걱정하는 것이 아니라 현재에 집중하며 즐겁게 살아가는 것이다.

---

4 어거스틴, 선한용 옮김,『성어거스틴의 고백록』(서울: 대한기독교서회, 1990), 400-404(제11권 "시간과 영원").

다음은 이화여대 명예교수인 정신과 의사 이근후 교수님이 신문에 기고하신 글에서 인용한 것이다. 지금 여기에서의 삶을 살아가는 것이 얼마나 중요한지 잘 보여주는 글이기에 옮긴다.

우리 나라 사람들은 유독 나이에 민감하다 처음 만나는 사람도 나이부터 묻는다. … 대학 시절 어느 교수님이 나에게 몇 살이냐고 물으시기에 대답했더니 고개를 끄덕이며 웃기만 하셨다. 인턴이 된 뒤 그 교수님이 또 나이를 물었다. 이번에는 "참 좋을 때다"라고 했다. 전문의가 되었을 때도 같은 질문을 하신 뒤 "정말 좋은 때다"라고 말씀하셨다. 교수님은 왜 번번이 나이를 물었던 걸까? 한참 뒤에야 알았다. 교수님은 나에게 '지금 네 나이가 제일 좋을 때다'는 말을 해주고 싶었던 것이다. 강연에 나가 주로 하는 이야기 가운데 하나가 '인생의 황금기는 바로 지금'이라는 내용이다. 나는 지금이 내 일생 중에서 가장 행복한 시기라고 말한다. 나는 다섯 살 때 죽을병에 걸렸지만 살아나 행복했다. 스무 살에는 외아들을 지나치게 과보호한 어머니의 품에서 벗어나서 자유로움을 느꼈다. 서른 살엔 경제적으로 힘들었지만 아내와 아이들의 따뜻한 가족애로 행복했다. 마흔 넘어 일에 지칠 땐 네팔에 봉사 활동을 하러 가서 새로운 행복을 찾았다. 돌아보면 매 시기가 행복이고 황금기였다. 죽음이 코앞에 있는데 뭐 그리 행복하냐고 하겠지만, 죽음이 오기 전까지 나는 언제나 인생의 황금기를 살고 있다고 믿는다. …

인생은 '여기'(here)와 '지금'(now)이다. 행복을 즐길 시간과 공간은 바로 지금, 여기다. 이것을 깨닫지 못하는 이들은 항상 다른 곳, 바깥에만 시선을 두고 불행해 한다. 행복한 감정을 불러일으키는 물질인 엔도르핀은 과거의 행복한 기억, 미래에 다가올 행복 때문에 생기는 게 아니다. 지금 내가 즐거워야 형성된다. 사람이 어떻게 늘 행복하기만 하느냐고, 슬프고 괴로운 때도 있지 않느냐고 묻는 이들도 있다. 좋든 나쁘든 나에게 닥친 이 순간에 충실할 때만이 인생은 즐거워진다. 지난날 이따금 나에게 나이를 물으셨던 교수님을 다시 뵌다면 나는 이렇게 대답할 것이다. "자네 올해 몇인고?" "네, 78세입니다. 가장 좋은 나이지요."5

9) 자존감을 올려줄 수 있는 환경의 변화

자존감은 현재 자신을 둘러싼 사회 환경에 영향을 받는다. 안타깝지만 오늘날 한국의 청년들이 처한 사회 상황들은 자기 가치를

---

5 이근후, 「한국교직원신문」 2016년 2월 22일자 제1081호, 10면에서 인용.

인식하며 자신이 유능한 사람이라는 신념과 기대를 주기에 좋은 환경은 아니다. 청년들의 취업도 어렵지만 지난 2015년에 취업한 20~30대 구직자 중 64%가 비정규직 일자리를 구했다고 한다. 1~2년의 계약직으로 일자리를 얻은 사람들이 겪는 고용불안정성과 차별, 그로 인한 스트레스는 이만저만하지 않다. 직장에서 받는 차별대우는 비정규직 젊은이의 자신감을 허물어뜨리기에 충분하다. 고용과 관련된 사회의 많은 측면이 젊은이들의 자존감을 저하시키는 부정적 경험을 주는 시대에 오늘날 청년들이 노출되어 있다. '열정페이'를 강요당하고 계약직으로 적은 임금과 차별을 받으면서도 참고 일해도 정규직 전환은 쉽지 않은 사회 환경 속에서 많은 젊은이가 좌절한다.

2016년 연말 국내 외식사업 1위의 한 대기업 계열사는 4만여 명이 넘는 아르바이트생의 임금 83억 원을 체불해서 사회적 지탄의 대상이 되었다. 그곳에서 일하는 대부분의 아르바이트생들과 직원들은 20~30대의 젊은 청년들이다. 이러한 상황은 불가피하게 계약직으로 저임금 노동을 하는 청년들을 좌절시킨다. 청년들 개인적으로는 자신의 가치와 능력에 비해 대우를 해주지 않거나 부당한 대우를 하는 곳에서 일을 하지 않는 것이 바람직하다. 또한 이 문제는 개인적인 문제를 넘어서 사회적인 문제이다. 한국 사회 내의 갑질 문화와 비정규직 노동자에 대한 부당한 처우 같은 사회 제도와 관습이 변할 때 우리 사회가 전반적으로 인간의 가치와 존엄성을 존중하는 사회로 바뀔 수 있을 것이다. 그러한 사회문화적 변화가 동반될 때 젊은이들의 자존감도 더 회복될 수 있을 것이다.

제6장

용서와 평화적 관계

주님 저를 당신의 평화의 도구로 써주소서.

미움이 있는 곳에 사랑을

다툼이 있는 곳에 용서를

의혹이 있는 곳에 믿음을

절망이 있는 곳에 희망을

어둠이 있는 곳에 빛을

슬픔이 있는 곳에 기쁨을 심게 하소서.

위로 받기보다는 위로하고

이해 받기보다는 이해하고

사랑 받기보다는 사랑할 수 있도록 하소서.

우리는 줌으로써 받고

용서함으로써 용서받고

자기의 죽음을 통하여

영원한 생명으로 태어나기 때문입니다.

― 프란체스코, 〈평화의 기도〉

1. 용서

세상에서 가장 어려운 두 가지는 죄를 짓지 않는 것과 자신에게
고통을 준 사람을 용서하는 것이라고 한다. 죄를 짓지 않고 이 세
상을 살아가는 사람이 없는 것처럼 그만큼 누군가를 용서한다는
것은 결코 쉬운 일이 아님을 말해준다. 특히 용서를 어렵게 하는
것은 상처다. 인간관계에서 경쟁, 질투, 폭력에 의한 상처와 피해
는 피해자 입장에서 가해자를 용서하게 하는 것을 어렵게 한다.
가해자가 진정으로 자신의 잘못을 뉘우치고 사죄를 하면 용서하
는 것이 용이하겠지만, 실제 가해자가 진정한 용서를 구하는 경
우보다는 그렇지 않을 경우가 훨씬 더 많다. 그래서 용서한다는
것은 참으로 어렵다. 그러나 우리는 용서를 통해서 단순히 분노
와 원한에 쌓인 마음의 빗장에서 자유로워지는 것만이 아니다.
용서를 통해 우리는 삶을 평화와 화해의 장으로 인도함으로써 삶
을 한층 성숙하게 만들고 우리의 공동체가 비폭력에 기반한 평화

로운 삶을 구축하는 것을 도울 수 있게 된다.

우리는 용서라는 말을 자주 접하지만 이에 대한 명확한 개념을 갖고 있지 못한 경우가 많다. 우리가 용서를 말할 때는 잘못을 저지른 가해자 즉 용서의 대상이 있다. 용서는 가해자로 인해 생긴 분노와 원한 같은 감정을 정화하는 것에서 시작한다. 용서란 분노와 원한 같은 내면의 상처를 다스리고 치유하고, 공감과 동정 같은 긍정적인 감정으로 상대방을 바라보며, 더 이상 보복과 복수의 행동을 하지 않고 화해로 나아갈 수 있도록 하는 내면의 변화 과정을 가리킨다. 그런 점에서 잘못을 저지른 상대방을 용서하기 위해서는 가해자로 인한 분노와 원한의 감정을 다스리는 것과 상처를 치유하는 것이 중요하다.

용서하지 못할 때 우리가 끊임없이 마주치는 감정은 분노와 원한이다. 분노는 자기 자신을 죽이는 독과 같다. 마치 뱀의 독이 신체를 마비시키는 것처럼 지속적인 분노는 영혼을 마비시킨다. 우리의 마음이 이러한 분노의 사슬에서 풀려나 고요함과 평온함을 갖기 위하여 필요한 것은 '용서'와 '용납'이다. 마음이 세찬 폭풍우로 요동치는 대표적인 두 가지 경우는 외부의 위협적 상황이나 미래에 대한 불안과 두려움을 느낄 때, 마음에 분노와 원한이 가득 찰 때이다. 분노가 가득 찰 때에는 가슴이 답답할 뿐만 아니라 그 미움과 화가 의식을 떠나지 않는다. 그러면 영혼은 전혀 평화를 누리지 못하고 분노가 심장을 갉아먹는다.

　일상생활에서 사소한 불만과 불쾌함을 용납해주는, 즉 관용을 갖고 대범하게 넘겨주는 것이 필요하다. 분노를 느낄 때에는 그것이 오랫동안 지속되지 않도록 주의해야 한다. 그렇지 못하고 그 불쾌함과 불만과 분노를 계속해서 마음에 품고 있으면 결코 내적으로 평화를 누릴 수 없게 되고 다른 사람들과 관계에서 평화로운 관계를 맺을 수 없게 된다. 그런 점에서 용서란 먼저 자기 자신을 위해 해야 하는 것이다.

　30대 초반의 한 여성의 사례를 들겠다. 그녀는 어린 시절 유복하고 사랑받는 환경에서 자랐다. 아버지가 건축업을 했는데 사업도 번창했고 딸에게도 지극한 사랑을 주셨다. 그런데 초등학교 5학년 때 아버지가 일을 하시다가 그만 감전사로 사망하는 슬픈 일이 생겼다. 어린 나이에 자신을 사랑해주었던 아버지의 갑작스런 사망은 그녀에게 큰 충격으로 다가왔다. 어머니도 남편의 죽음으로 방황했고 그것이 어린 그녀에게 더 큰 상처를 주었다. 그러다 시간이 지나고 어머니가 재혼을 하게 되었다. 당시 유일한 혈육이었던 오빠는 군대를 간 상태였고 아버지의 사망 후 어머니의 재혼은 그녀를 어머니에 대한 배신감으로 증오감와 함께 정신적인 공황 상태에 빠뜨렸다. 어머니에게 외면당하고 버려졌다는 생각이 정신적으로 불안하고 우울한 상태를 더욱 가중시켰다. 사춘기 시절에는 빨리 죽어서 천국으로 갔으면 좋겠다는 생각까지 했다고 한다.

그런데 그녀는 어머니에 대한 증오와 분노의 고통을 이기기 위해서라도 그리고 자기 자신을 위해서라도 어머니를 용서해야 했다고 말한다. 어머니에 대한 미움과 분노를 계속 갖고 있었던 것이 자신의 영혼을 너무 황폐하게 만들었다고 한다. 참으로 다행스러운 것은 어머니가 떠난 이후에 외삼촌댁에 맡겨져 살게 되었는데 그분은 매우 지혜로운 분이었다. 이 여성이 고등학교를 졸업한 이후에 미국에서 대학을 다녔는데 재혼을 한 어머니에게 그 학비를 내게 하신 것이었다. 비록 어머니가 재혼을 해서 떠났지만 자식의 학비를 대게 함으로써 너를 버린 것이 아니라 지금도 사랑하고 있다는 것을 알게 한 것이다. 그래서 그 일이 어머니를 용서하는 데에 큰 도움이 되었다고 한다.

이 여성이 자신을 위해서라도 어머니를 용서해야 했다고 고백한 것처럼 우리가 우리 자신의 영혼을 사랑한다면 다른 사람들을 좀 더 용납하고 용서하는 것이 필요하다. 우리는 인생을 살아가면서 용납하고 용서를 해야 할 경우가 많이 있다. 인간의 마음에 있는 근원적인 욕구는 사랑에 대한 갈망이다. 인간은 누군가로부터 사랑받고 싶고 사랑하고 싶은 근원적 욕구를 갖고 있다. 그렇기 때문에 가까운 사람에게 그 사랑을 거부당하거나 오히려 배신

당했을 때 인간이 갖는 상처는 커질 수밖에 없다. 그 상처를 치유하기 위해서는 다른 사람에게 사랑을 받거나 스스로 그 아픔을 승화해야 한다. 타인에게 친밀한 사랑을 받는 것은 자기 마음대로 되는 것은 아니다. 그러나 자신의 의지를 갖고 그 아픔을 승화해나갈 수는 있다. 용서는 그러한 승화와 사랑을 되찾는 첫걸음이다. 그런 점에서 자신에게 아픔을 준 타인을 용서한다는 것은 더 성숙한 인간이 되는 과정일 것이다.

타인을 용서하기 힘든 가장 큰 원인은 상처 때문이다. 자신이 받은 피해로 인해 상처가 크거나 오랫동안 지속되면 용서하는 것은 결코 쉽지 않다. 용서에 관해 연구하는 학자들은 용서를 하지 못하는 것은 의지의 문제가 아니라 상처가 치유되지 않았기 때문이라고 말한다. 즉 우리의 상처가 클 때에는 용서하기가 어렵다는 것을 발견하게 된다. 너무나 큰 상처로 용서하기 어려울 때에는 상처가 아물도록 기다리는 것이 바람직하다. 그 상처를 치유하는 데에 먼저 시간과 노력을 기울여야 한다. 용서란 강요하거나 억지로 되는 것은 아니기 때문이다. 역으로 상처를 치유하는 것이 용서할 수 있는 마음자리를 넓히는 것이다. 상처가 어느 정도 치유되고 마음에 평화의 마음이 차오르면 과거에는 용서할 수 없었던 일도 자연스럽게 용서할 수 있게 된다.

용서란 용서 이전에 가졌던 분노와 원한을 다스리면서 상대방을 새로운 시각에서 바라보는 것이다. 우리에게 상처를 준 가해자를 용서할 때 우리는 그를 다른 시각으로 볼 수 있게 된다. 상대방에 대한 공감과 동정의 마음을 더 가질 수 있는 변화가 생기는 것이다. 가해자에 대한 공감과 동정이란 가해자의 처지를 좀 더 이해하고 그러한 행위를 한 가해자를 불쌍한 시각에서 새롭게 바라보는 것이다. 이때 용서의 실행에서 피해자가 가해자를 방문하고 대화를 나누는 것이 도움이 된다.

위스콘신 대학교의 심리학 교수인 로버트 엔라이트(Robert Enright)는 용서의 실행 과정에서 피해자가 가해자에게 줄 수 있는 용서의 선물로써 "가해자의 집을 방문하기, 음식 제공하기, 카드 보내기, 말 걸기 등"의 다양한 상황을 제시한다.[1] 가해자를 방문하고 대화를 나누고 함께 음식을 먹으면서 피해자는 가해자에 대한 분노와 상처를 더 씻어낼 수 있으며 공감적인 시각에서 바라보는 것을 촉진할 수 있다.

우리는 다른 사람의 말과 행동으로 분노하고 상처를 입지만 우리 자신도 또한 다른 사람을 분노하게 만들고 상처를 주는 존재라는 것을 인식할 필요가 있다. 즉, 우리는 우리 자신도 또한 용서

---

[1] Robert D. Enright and Richard P. Fitzibons, *Helping Clients Forgive*, 82: 손운산, 『용서와 치료』(서울: 이화여대출판부, 2008), 67에서 재인용.

를 받아야 할 때가 있다는 것을 기억해야 한다. 필자는 초등학교 시절 같은 반 친구에게 했던 잘못을 지금도 생생히 기억한다.

K라는 친구가 있었는데 그 친구는 덩치는 컸지만 힘은 세지 않았고 무던한 학생이었다. 당시 나와 다른 친구 두 명이 가끔 그 친구를 골려주곤 했다. 놀리기도 하고 괴롭히기도 한 것으로 기억한다. 어릴 적 치기였지만 많은 시간이 흐른 뒤에도 나와 친구들이 함께 한 잘못이 기억에 남는다. 한참 시간이 지나서 우리가 서른 살이 넘었을 때 당시 담임선생님의 은퇴를 기념하려고 같은 반 친구들이 한자리에 모인 적이 있었다. 그때 그 친구의 근황을 듣게 되었는데 그가 교통사고로 사망했다는 것이었다. 나에게는 충격적인 소식이었다. 어릴 적 그 친구를 괴롭혔던 일과 그 친구 생각을 하면 지금도 마음이 아프다. 그 친구는 나와 다른 친구들로 인해 얼마나 화가 나고 학교 다니는 것이 힘들었을까? 이미 고인이 된 그 친구에게 깊은 사죄를 구한다.

우리는 인생을 살아가면서 이러한 잘못을 할 때가 있다. 내가 타인의 잘못에 대해 용서해야 할 때도 있지만 동시에 나도 타인에게 용서를 받아야 할 존재임을 실감하게 된다. 그러한 진실을 인식할 때 우리는 타인의 잘못을 용서할 수 있는 다른 중요한 동기를 갖게 된다.

예수가 그의 가르침과 삶에서 용서를 특히 강조했기에 기독교는 용서를 강조하는 종교가 되었다. 예수가 골고다 언덕 십자가 위에서 자신의 가해자들을 용서하는 장면은 용서를 통한 가장 성숙한 인간의 모습을 보여준다. 십자가 처형장에서 자신을 죽음으로 내모는 가해자들을 향해 예수는 말한다. "아버지, 저 사람들을 용서하여 주십시오. 저 사람들은 자기네가 무슨 일을 하는지를 알지 못합니다"(누가복음 23:34). 죽음이라는 존재의 파괴적인 힘 앞에서 예수는 자신을 죽음으로 몰고 가는 사람들을 용서한다. 오히려 그들이 자신들의 잘못을 알지 못하는 것을 안타깝게 여긴다.

십자가 위에서 한 예수의 용서는 그가 공생애 사역 중에 제자들을 가르치면서 한 용서의 말씀을 다시 한번 생각하게 한다. "형제가 나에게 잘못을 범하면 일곱 번까지 용서해 주어야 합니까?"라고 묻는 그의 수제자 베드로에게 예수는 "일곱 번만이 아니라, 일흔 번을 일곱 번이라고 하여야 한다"(마태복음 18:21-22)라고 대답한다. 기독교에서 7이라는 수는 완전수이므로 이는 무한정의 용서를 의미한다.

예수가 말하는 무제한적인 용서를 우리 같은 범인들이 실천할 수 없는 가르침이라고 쉽게 생각하지만 예수는 십자가 위에서 스스로 그 용서를 실천했다. 십자가 위의 그 고통스러운 죽음 가운데서 하는 예수의 용서를 통해 우리가 결코 용서할 수 없다고 생각하는 일들에서도 용서를 할 수 있는 더 큰 힘을 얻는다. 예수의 용서를 생각할 때 과연 우리는 무엇을 용서할 수 없겠는가?

기독교만이 아니라 세상의 많은 종교가 용서에 관해 말한다. 우리가 살고 있는 이 세상에 진정한 평화와 화해의 질서를 회복하려면 용서는 필수이기 때문이다. 인간과 인간 사이의 관계가 평화를 되찾고 화해하기 위해 그리고 세상이 바른 자리를 찾기 위해 용서가 먼저 이루어져야 한다. 만약 서로 용서하지 못한다면 사람과 사람의 관계는 적의와 증오와 분노가 끊임없이 지속될 것이고 이 세상에는 보복과 응징의 악순환이 끊임없이 반복될 것이다. 우리는 역사 속에서 그러한 비극적인 사건들을 종종 목격해왔다.

제1차 세계대전 후 패전국 독일은 가혹한 배상금과 전쟁 부채, 하이퍼인플레이션 등의 전쟁 후유증으로 고통을 받아야 했다. 전쟁이 끝난 뒤 승전국인 연합국들은 베르사유 조약을 통해 패전국 독일에게 과도한 전쟁배상금과 영토의 축소를 강제했다. 전쟁배상금 지불을 이행하지 못하자 프랑스는 독일의 석탄과 공업생산지인 루르 지역을 강제 점령했다. 이러한 일들은 대다수 독일인에게 분노와 굴욕감을 불러일으켰고, 프랑스에 대한 강한 적대감과 증오를 품게 만들었다.

이러한 상황을 잘 이용하여 독일에서 정치적 권력을 장악한 것이 바로 히틀러와 나치였다. 극심한 인플레이션과 사회적 혼란 그리고 1920년대 말에 시작되어 1930년대의 세계 경제를 장기

불황으로 몰고 간 경제대공황으로 인한 독일의 실업률은 나치 정권이 권력을 장악할 수 있게 만들었다. 군비를 증강한 나치 독일은 제2차 세계대전을 통해 다시금 프랑스 및 영국과 전쟁을 벌이고, 그 결과 프랑스를 점령한다. 만약 베르사유 조약이 그처럼 가혹한 응징과 굴복을 위한 전후 조약이 아니라 항구적인 평화와 화해를 위한 조약이었다면 분명 유럽의 역사는 달라졌을 것이다.

기독교 역사에서 예수를 가장 닮은 사람으로 언급되는 아씨시의 성 프란체스코는 참된 기쁨을 다음과 같이 표현한다.

겨울에 먼 곳에 갔다 돌아오는 길에 밤이 깊어 수도회로 돌아올 때 차갑고 시린 물이 얼음덩어리가 되어 피가 나올 정도로 다리에 상처가 나는 상황이었다. 그때 수도회 문을 열었을 때 문지기 형제가 "당신은 누구요?"라고 했을 때, "나는 프란체스코 형제입니다"라고 대답했는데, 문지기 형제가 "지금은 돌아다니는 시간이 아니니, 너는 들어오지 못한다"라고 하는 말을 듣고도 인내심을 가지고 마음의 평화를 잃지 않는다면 여기에 참된 기쁨이 있다.[2]

---

2 프란치스꼬, 작은형제회 한국관구 옮김, 『성 프란치스꼬와 성녀 글라라의 글』(왜관: 분도출판사, 2004), 50-51.

프란체스코가 말하듯 우리가 타인의 잘못을 용서할 수 있고, 분노하기보다는 인내심을 갖고 마음의 평화를 유지할 수 있다면 우리 마음속에는 기쁨이 유지될 것이다.

용서한다는 것은 결국 우리가 타인과의 사회적 관계와 공동체의 삶에서, 더 넓게는 민족과 국가 간의 정치적 차원에서 평화로운 삶과 화해의 삶을 추구하는 것과 연결된다. 용서를 통해 적의와 분노를 드러내지 않고 원한을 갖게 했던 일 이전으로 돌아감으로써 더 이상 신체적·정서적 폭력과 증오의 상태에 있지 않게 된다. 용서는 상호 평화로운 관계를 수립하기 위한 기초이다. 그렇기에 개인의 심리 내적인 차원이며 자기와의 화해인 용서를 타인과의 관계에서 발생하는 갈등을 비폭력 평화의 관계로 발전시키는 차원으로 확장돼야 한다.

2. 평화적 관계

자신의 상처를 치유하고 자존감을 회복하며 타인을 용서하는 것이 자신과의 화해의 과정이라고 한다면 여기서는 타인과의 상호관계와 관련한 평화로운 인간관계와 비폭력적 삶에 대해 생각해 보고자 한다.

우리가 갖게 되는 상처의 원인인 트라우마를 생각해보면 평화
로운 관계와 비폭력의 삶이 얼마나 중요한지 잘 이해할 수 있다.
자연재해나 사고에 의한 트라우마가 아닌 이상 인간 상호간의 관
계에서 발생하는 트라우마의 근본적 원인은 대부분 인간에 대한
폭력과 억압에 있다. 인간이 받는 상처의 근본 원인이었던 폭력
과 억압을 없애고 비폭력적 삶과 평화로운 사회를 구현하기 위해
살아가는 것은 폭력과 억압으로 인해 받은 상처를 근원적으로 치
유하는 것이며 더 나아가 그러한 고통을 예방하는 일이 된다. 자
신의 상처를 치유하고 자존감을 회복하고 타인을 용서하는 것을
통해 더 건강하고 성숙한 자기를 갖게 된 나의 모습은 평화로운
인간 상호 간의 관계 형성과 비폭력적 삶을 사는 것으로 나아갈
수 있어야 한다. 그럴 때 자신의 성장만이 아닌 세상의 치유와 화
해에 공헌할 수 있게 된다.

필자가 미국 캘리포니아 버클리에서 박사과정 공부를 하면서
만난 그리고 그 이후 박사학위 논문위원회의 위원이 되어 논문
지도를 해주셨던 마이클 네이글러(Michael Nagler) 교수는 비폭
력과 평화 연구의 세계적인 학자이자 활동가이다. 그는 비폭력을
단순히 폭력이 부재하는 상태로 생각하지 않고, 그것을 인간에게
내재하는 인간성의 회복이요, 가장 높은 수준의 교육으로 보았
다. 폭력이란 인간의 무지와 관련되며 사랑과 교육을 통해서 그

무지를 제거할 수 있다고 생각했다. 네이글러 교수가 비폭력의 평화적 삶을 위해 제시하는 것은 먼저 우리의 마음과 행위의 변화이다.

> 진정한 비폭력은 각 사람의 마음속으로부터 나온다. 비폭력으로 세상을 바꾸려면 먼저 우리 자신의 생각, 말, 외부로 드러나는 행동부터 달라져야 한다. … 평화를 일궈낸다는 것은 영혼의 힘을 최대 규모로 인간의 폭력에 가하는 활동이다. 그러므로 영혼이 자리잡고 있는 인간의 내면에서 일어나는 심오한 변화가 시발점이 되어야 한다.[3]

그가 제시하는 비폭력과 평화를 위한 구체적인 삶의 원리는 마음의 훈련과 타인을 존중하는 것에서 시작한다. 마음의 훈련에서 중요한 것은 분노와 증오를 통제하고 집중을 통해 내면의 평화를 갖는 것과 참된 인간의 모습을 갖는 것, 즉 인간화에 있다. 이 책의 다음 장에서는 기독교적인 마음의 훈련 방법을 제시할 것이다. 네이글러 박사는 인간이 다른 인간에게 폭력과 억압을 가하는 근본 원인을 타인을 존중하지 않고 오히려 경멸하는 데에서

---

3 마이클 네이글러, 이창희 옮김, 『폭력 없는 미래』(서울: 두레, 2008), 325-326.

시작한다고 말한다.

일제강점기 때 일본인들은 조선인들에게 폭력과 억압을 가하며 조선인을 '조센징'이라는 말로 경멸하고 비하하는 말을 사용했다. 그러한 언어 사용과 임나일본부와 같은 조선 통치에 대한 역사적 왜곡의 정당화와 조선인에 대한 심정적인 멸시의 태도를 갖고 일본인들은 조선 사람들에게 갖은 폭력과 억압을 사용할 수 있었다. 마음 훈련을 통해 분노와 폭력을 자제하고 타인과 다른 공동체를 존중하는 마음을 함양하며 실천해나가는 것은 우리가 평화적 관계를 형성해나갈 수 있는 기초가 된다.

평화를 실천하는 것은 작고 일상적이다. 하지만 무엇보다 분노와 폭력을 자제하고 타인을 존중하는 근본적인 삶의 원리를 실천하는 것에서 시작해야 한다. 오늘날 한국 사회에 만연되어 있는 '갑질'도 결국은 자신과 타인을 구별하고 타인을 무시하며 자신의 기득권과 권력을 행사하려고 하는 데서 기인한다. 갑질이 일어나는 갑과 을의 관계에서 갑 자신은 상대방은 열등하고 자신은 우월하다고 생각한다. 그리고 상대방을 인격적으로 무시하고 불합리한 요구와 부당한 지시를 한다. 그것은 갑의 위치에 있는 사람 자신이 관계하는 을의 위치에 있는 상대방을 자신과 같은 동료 인간으로 생각하지 않기 때문에 벌어진다. 상대방을 자신과 같은 인간으로 존중하고 자신이 존중받기를 원하는 것 같이 남을 존중해야 한다는 것을 조금이라도 인식한다면 결코 그러한 부당한 갑질을 하지 않을 것이다.

우리가 속한 공동체에서 평화적 관계를 유지하려면 상호 존중의 원리(the principle of mutual respect)를 실천하는 것이 중요하다. 타인에 대한 존중은 인류의 위대한 종교들이 공동으로 말하는 것이다. 예수는 그의 유명한 산상설교에서 "무엇이든지 남에게 대접을 받고자 하는 대로 너희도 남을 대접하라"(마태복음 7:12)고 가르쳤다. 우리 모두는 남에게 좋은 대접을 받고 존중받기를 원하는 욕구가 있다. 그렇듯이 인간관계에서 내가 먼저 남을 대접하고 존중하는 것이 필요하다.

공자의 인(仁)에 관해서 공자의 제자인 증자(曾子)는 스승인 공자의 인의 도를 '충'(忠)과 '서'(恕)로 말한다. 충(忠)은 인을 실천하는 적극적인 면으로 "내가 서고 싶으면 남을 먼저 세워주고, 내가 도달하고 싶으면 남이 먼저 도달하도록 하라"(己欲立而立人 己欲達而達人)는 의미이며, 서(恕)는 인을 실천하는 소극적인 면으로 "내가 원치 않는 것을 다른 사람에게도 하지 않는 것"(己所不欲 勿施於人)이다. 자신이 원하지 않는 것을 남에게 강요하지 않으며, 자신이 하기 원하는 것을 남이 하도록 돕는 것을 통해 인의 정신이 타인에 대한 존중과 배려에 있음을 가르치고 있다.

타인에 대한 존중과 존경과 배려는 마음에서부터 시작되지만 그것은 언어와 행동을 통해 나타난다. 그런 점에서 우리의 언어 생활을 통해 남을 존중하고 높여주는 언어를 사용하는 것은 평화적 관계를 형성하는 데에 중요한 디딤돌이 된다.

젊은 대학생들과 함께 생활하면서 느끼는 점은 요즈음 젊은이들은 언어 사용에서 비하적인 언어를 많이 사용하고 있다는 점이다. 어떤 상태에 대한 표현을 하면서 무조건 '개~'라는 표현을 한다: "개멋져", "개웃겨." 그냥 '정말 멋있어' 또는 '참 웃겨' 하면 되는데 '개'라는 비속어를 써서 일상적으로 표현하고 있다. 그러한 표현에는 무시와 비하의 뉘앙스가 담겨 있다.

우리 한국어는 남을 높이는 존댓말이 발달된 언어이다. 남을 존중하는 언어를 사용하는 것은 좋은 인간관계를 만드는 기초가 될 수 있다. 특히 모든 관계의 시작은 가정에서부터이기 때문에 먼저 가정 내 부부간의 관계에서 그리고 부모와 자식 간의 관계에서 상호존중의 언어를 실천하는 것이 바람직하다.

다른 사람을 같은 인간으로 이해하고 존중하는 것에서 시작하여 평화롭고 조화로운 관계를 맺을 수 있는 방법은 타인과 공감하는 것이다. 공감(empathy)이란 남의 감정과 의견과 주장에 함께 느끼고 이해하고 적절하게 대응하는 것을 말한다. 얼마 전에 우리 사회에서 유행했던 말인 '느낌 아니까'라는 말이 바로 공감이라고 할 수 있다. 상대방의 감정과 기분을 이해할 수 있고 더 나아가 상대방의 시각에서 그의 의견과 주장을 사고해주는 것이 공감이라고 할 수 있다.

첫 번째 장에서 다뤘던 학교폭력을 생각해보면 가해 학생들은 피해 학생들이 그들의 폭력과 억압으로 인해 얼마나 큰 고통을 경험하는지 이해하지 못한다. 피해 학생들이 겪는 고통을 조금이라도 느끼거나 알 수 있었으면 그러한 폭력 행사는 없었을 것이다. 그것은 갑질의 경우에도 마찬가지다. 자신의 갑질로 상대방이 받을 고통을 이해할 수 있다면 그러한 언행을 결코 하지 않을 것이다.

공감 부족은 타인에 대한 억압과 배려 부족으로 나타난다. 우리가 다른 사람을 공감할 수 있다면 남을 배려할 수 있고 다른 사람의 처지를 헤아려서 말하고 행동할 수 있게 된다. 그러나 오늘날 우리 사회는 너무 경쟁적이고 돈과 권력의 횡포에 의해 억압적인 사회가 되다 보니 타인에 대한 공감과 배려가 부족하다. 더군다나 사회적으로 공감적 가치와 공감적 의견을 형성하는 것은 더욱 어려워졌다. 소모적인 경쟁과 권위에 의한 억압과 집단적인 편가르기가 심해지다 보니 사회가 창조적으로 발전할 수 있는 공감적 가치와 제도를 형성해가지 못하게 되었다.

공감이라는 말을 종교적으로 말한다면 긍휼 또는 자비라고 할 수 있다. 영어로 'compassion'이라는 말을 기독교에서는 '긍휼'

로 불교에서는 '자비'라는 말로 옮겨 사용한다. 기독교의 시각에서 긍휼이란 어머니의 심정으로 함께 고통을 겪는다는 뜻이다. 히브리어로 긍휼은 '레하밈'(rehamin)인데, 이 말은 '레헴'(rehem) 즉 자궁의 복수형이다. 누군가에 대해 긍휼을 갖는다는 것은 어머니의 자궁의 마음, 즉 어머니가 아이를 낳기 위해 겪는 해산의 고통의 심정으로 아이에게 갖는 마음과 같은 것이다. 타인의 고통에 어머니의 마음으로 참여하는 것이 바로 긍휼이라고 할 수 있다.

불교에서 자비는 불교의 관계성의 진리인 연기론에 입각하고 있다. 연기론이란 이 세상에 존재하는 모든 것이 상호의존 관계로 이루어지고 있다는 것이다. 연기의 시각에서 "이것이 있으면 그것이 있고, 이것이 생기기 때문에 그것이 생긴다"라는 말을 한다. 즉, 연기론의 관계성의 시각에서 보면 모든 것이 상호의존 관계에 있으며 그러기에 다 소중한 것이다.

예를 들어, 자신이 가장 소중히 여기는 목숨을 유지하려면 물을 마시고 공기를 호흡하고 음식을 먹어야 한다. 물과 공기와 음식이 다 소중한 것이기 때문에 자기중심적인 이기적 사고를 할 수 없고 오직 자비의 길만이 있게 된다. 이를 불교에서는 '동체대비'(同體大悲)라고 한다. 즉, 자신과 중생이 동일체이기 때문에 큰 자비의 마음으로 살아갈 수밖에 없다는 것이다.

평화적 관계와 비폭력적 삶에 관해 말하면서 타인에 대한 존중과 배려와 공감, 긍휼과 자비에 대해 언급했다. 마지막으로 저항의 힘에 관해 말하고 싶다. 평화적 인간관계를 위해 우리가 먼저 타인을 존중하고 남을 대접하고 공감할지라도 그렇지 않게 행동하는 사람을 만날 때도 있다. 자신의 이익만을 먼저 취하고 때로는 거친 언사와 행동으로 표현하는 폭력적인 사람을 만날 수도 있다.

네이글러 박사는 위협에 저항하는 힘과 용서하는 힘 사이에는 밀접한 관계가 있다고 말한다. 다른 말로 한다면, 우리가 타인을 용서할 수 있고, 존중하고 공감하는 힘을 갖는다는 것은 타인의 비인간화된 행위에 저항할 수 있는 힘을 갖는다고 할 수 있다. 평화적 관계를 유지하며 비폭력적 삶을 살아간다는 것이 무조건적으로 남에게 잘해주는 것을 의미하는 것은 아니다. 자기 의견을 주장할 수 있고, 잘못된 것에 대해서는 비폭력적으로 비판하고 저항할 수 있어야 한다.

젊은 시절 넬슨 만델라가 악명 높은 로벤 섬에 수감되었을 때의 이야기는 이것과 관련한 좋은 예화를 보여준다. 만델라는 로벤 섬의 감옥에서 여러 해를 보냈는데 섬의 부두에 내렸을 때, 수형소 간부들은 마치 소 떼를 다루듯 "이랴! 이랴!" 하고 외치며 수감자들을 감옥을 향해 몰아대는가 하면 다른 모욕적 언행도 서슴지 않았다. 그러나 만델라와 친구 한 사람은 간수들의 죽고 싶냐는 위협에도 천천히 걸어갔다. 감옥으로 들어서자 그곳의 우두머리인 게리케 소장은 한술 더 떠 만델라를 '보이'(boy)라고 조롱하는 말로 불렀다. 만델라는 침착하게 이렇게 말해 소장을 경악시켰다고 한다. "이것 보쇼. 경고하는데 당신을 최고위층에 고발해서 다 말하겠소. 내 얘기가 끝날 때쯤 당신 인생도 막 내릴 걸." 결국 믿을 수 없게도 게리케 소장은 꼬리를 내렸다고 한다.[4]

이러한 비폭력적 저항의 힘의 중요성을 알려주는 다른 사례가 있다. 미국에서 일어났던 일로, 81명의 강간 생존자들에 관한 연구에 관한 것이다. 그 여성들 중 트라우마의 충격에서 가장 빠른 회복을 보인 여성들은 강간 반대운동에 참여하고 강간위기센터에서 다른 희생자들을 도운 여성들이었다고 한다. 실제로 이러한 일에 헌신했던 희생자들 중 70%는 몇 개월 내에 회복되었다고 한다. 폭력에 저항하고 그것을 없애고자 노력하며, 정의롭고 평화로운 인간관계와 비폭력적 사회를 만들기 위해 헌신하는 일은 폭력과 억압으로 생긴 상처의 치유와 사회적 고통 감소에 큰 도움이 된다.

결국 평화적 인간관계의 형성과 비폭력적 삶의 더 큰 사회적

---

4 마이클 네이글러, 『폭력 없는 미래』, 55.

차원의 목표는 인간과 인간이 서로를 존중하는 공동체와 정의롭고 평화로운 사회의 실현에 있을 것이다. 그것은 인간 내면의 변화와 용서, 존중과 공감, 긍휼과 자비의 인간관계에 기초한다. 이러한 평화롭고 정의로운 사회 건설에 대해서는 이 책의 마지막 장에서 다시 다룰 것이다.

【비폭력 대화(NVC)에서 분노 다스리기와 표현하기[5]】

일상생활에서 화가 나거나 분노를 느끼는 것을 가끔씩 경험하게 된다. 이러한 경우 분노를 잘 다스리고 그것을 제대로 표현하는 것은 중요한 일이다. 마샬 로젠버그가 시작한 비폭력대화(Nonviolent Communication)의 분노를 온전히 표현하기에 관한 방법은 분명한 도움이 된다.

분노에 관한 비폭력 대화의 핵심은 남을 비판하거나 판단하지 않고 먼저 자신의 욕구에 초점을 맞추는 것이다. 비폭력 대화의 분노 표현에서 중요한 가정은 화가 나는 것은 다른 사람의 말이나 행동보다는 실제로 비난하고 판단하는 우리 자신의 생각에 있다고 보는 것이다. 그렇기 때문에 다른 사람을 비난하고 판단하기보다는 분노를 일으키고 있는 자신의 충족되지 못한 욕구에 초점을 맞추는 것이다.

로젠버그는 이것을 "나는 그 사람들이 ~했기 때문에 화가 난다"에서 "나는 ~이 필요/중요하기 때문에 화가 난다"로 의식적으로 변화시켜야 한다고 말한다. 로젠버그는 이와 관련해 좋은 예를 든다. 어떤 사람이 약속시간에 늦었는데 그 사람이 우리와의 약속을 중요하게 여기고 있는지 확인하고 싶다면 우리는 마음에 상처를 입을 것이라고 말한다. 그러나 만약 시간을 유용하게 보내고자 하는 것이 우리의 욕구라면 짜증 정도가 났을 것이다. 반면 30분 정도 혼자 조용히 시간을 보내고 싶은 것이 욕구라면 오히려 그 사람이 늦은 것에 대해 고마움을 느낄 것이다. 자신의 욕구가 무엇이냐에 따라 약속시간에 늦은 사람에 대한 반응이 달라진다는 것이다.

그런 점에서 로젠버그는 약속에 늦은 사람이 준 자극과 분노의 원인을 구별할 것을 제안한다. 만약 약속시간에 늦은 사람이 평소에 자신을 무시하는 사람이었다면 우리의 마음은 강한 분노가 표출될 것이다. 자신의 존중받고자 하는 욕구가 무시당했다고 생각하기 때문이다. 그래서 로젠버그는 먼저 비판하고 판단하는 생각을 충족되지 못한 욕구로 옮기고 그것을 공감적 방식으로 표현할 것을 제시한다.

다음은 그가 제시하는 분노를 온전히 표현하는 네 단계이다.

— 멈추고, 크게 숨을 쉰다.
— 자신의 비판적인 생각을 인식한다.
— 자신의 욕구와 연결한다.
— 자신의 느낌과 충족되지 못한 욕구를 표현한다.

비폭력 대화는 자신의 충족되지 못한 욕구를 표현할 때 먼저 공감하기를 제안한다. 상대도 화가 난 상태에서는 우리의 느낌과 욕구를 들어줄 수 없기 때문에 먼저 상대방을 공감해줄 수 있는 것이 필요하다는 것이다.

---

5 마샬 B. 로젠버그, 캐서린 한 옮김, 『비폭력 대화』(서울: 한국NVC센터, 2013), 232-250.

제7장

묵상과 침묵 기도, 자연을 통한 치유

그들이 여리고에 이르렀더니 예수께서 제자들과 허다한 무리
와 함께 여리고에서 나가실 때에 디매오의 아들인 맹인 거지
바디매오가 길 가에 앉았다가 나사렛 예수시란 말을 듣고 소
리 질러 이르되 다윗의 자손 예수여 나를 불쌍히 여기소서 하
거늘 많은 사람이 꾸짖어 잠잠하라 하되 그가 더욱 소리 질러
이르되 다윗의 자손 예수여 나를 불쌍히 여기소서 하는지라
예수께서 머물러 서서 그를 부르라 하시니 그들이 그 맹인을
부르며 이르되 안심하고 일어나라 그가 너를 부르신다 하매
맹인이 겉옷을 내버리고 뛰어 일어나 예수께 나아오거늘 예수
께서 말씀하여 이르시되 네게 무엇을 하여 주기를 원하느냐
맹인이 이르되 선생님이여 보기를 원하나이다 예수께서 이르

시되 가라 네 믿음이 너를 구원하였으니라 하시니 그가 곧
보게 되어 예수를 길에서 따르니라

— 마가복음 10:46-52

이 장에서는 내면의 치유와 정신 집중에 필요한 마음 훈련을
위한 기독교 전통에 기반한 명상과 기도와 자연의 신비에 관해
이야기할 것이다. 즉, 이 장에서는 우리의 상처와 불안과 집착의
문제를 묵상과 침묵 기도 같은 내면으로 침잠하는 종교 전통에
의한 접근과 자연의 신비와 함께 함을 통한 영혼의 치유와 회복에
초점을 맞출 것이다. 그런 점에서 이 장은 다른 장들보다 좀 더
종교적이고 기독교적인 성격을 띨 것이다. 이 장에서는 심리적인
측면보다는 기독교 영성 전통에 기반한 성서 텍스트의 묵상과 침
묵 기도를 통한 내면의 치유와 성숙에 그 초점을 맞출 것이다. 또
한 자연과의 교감을 통한 인간의 치유와 생명의 힘에 관해 이야기
할 것이다.

이 장은 '묵상과 침묵 기도'라는 첫 번째 부분과 '자연의 신비
와 함께 하기'라는 두 번째 부분으로 나뉜다. 여기서 말하는 묵상
이라는 말이 기독교 전통에 익숙하지 않은 사람들에게는 낯설 수
가 있다. 일반 사회에서는 대개 명상이라는 용어를 많이 사용한
다. 서구에서는 라틴어 *meditatio*라는 어원에서 나온 말을 영어

로는 'meditation'이라고 부르고, 우리는 이에 해당하는 것을 일반적으로 명상이라고 부른다. 다만 기독교 전통에서 명상은 대개 기독교의 성서 본문에 관한 명상과 관련되기 때문에 묵상이라는 용어를 흔히 사용한다. 이 책에서는 기독교 전통에 기반한 성서에 대한 명상과 기도에 관해 말하기 때문에 묵상이라는 용어를 주로 쓸 것이다. 이 장이 묵상, 침묵 기도, 자연과의 교감을 말하는 것은 그것이 인간의 정신적 삶 또는 내면의 삶에서 필수불가결한 부분이라고 생각하기 때문이다.

인간은 다른 사람과 더불어 살아가는 사회적 존재이다. 한편 홀로 있는 가운데 고요한 시간을 갖는 것은 영혼을 지닌 인간에게 꼭 필요하다. 우리는 바쁜 일상과 수많은 소음에 떠밀리며 살아간다. 아침에 일어나자마자 오늘 해야 할 일들을 떠올려야 하고 핸드폰을 통해 문자와 메시지를 확인하고 출근길에 수많은 소음들과 마주친다.

바쁜 일상 속에서 우리가 추구하는 욕망의 목표에 함몰되어 살아간다. 때로는 감정적으로 흥분하기도 하고 여과 없이 자신의 생각과 느낌을 쏟아내어 다른 사람을 고통스럽게 만들기도 한다. 그리고 그것을 인생이라고 당연히 여기며 살아간다. 그렇기에 우리에게는 내면으로 들어가 고요와 평화의 공간 안에서 휴식하고 자신을 성찰할 필요가 있다. 그럴 때 삶은 더 풍요로워질 수 있고 타인들과 이 세상을 위한 생명의 삶이 될 수 있다. 고독 속에서 종교적 텍스트를 묵상하고 침묵 가운데 신에게 기도하며, 자연과 교감하고 대화하는 것은 우리 영혼에 안식을 주고 우리의 정신을 새롭게 하며 생명을 풍요롭게 한다.

1. 묵상과 침묵 기도

1) 묵상과 묵상 기도(Mediational Prayer)

기독교는 다양한 묵상과 묵상 기도의 전통과 방법을 발전시켜왔다. 하나님을 향한 마음의 집중과 내면의 평안과 관련하여 3~4세기 이후부터 오늘날까지 발전시켜온 묵상을 통한 기도 방법은 성서의 짧은 말씀에 정신을 집중하는 것이다. 대표적으로 '주님', '평화', '사랑' 같은 성서와 신앙에서 중심적인 짧은 단어나 성서 본문의 구 또는 절에 의식을 집중하는 것이다.

예를 들어, '주님' 같은 짧은 단어나 시편이나 복음서의 한 구와 절인 "푸른 초장과 쉴 만한 물가", "내 희망은 오직 하나님에게만 있습니다", 또는 "나는 포도나무요 너희는 가지라" 등의 구절에 마음을 집중해서 그 구와 절을 계속 묵상하며 기도하는 것이다. 기독교 영성 전통에서 이러한 짧은 단어나 구와 절에 대한 묵상은 호흡의 리듬과 함께 이루어지기도 하였다. 날숨을 쉬며 하나의 단어를 묵상하고 들숨을 쉬며 다른 단어를 묵상하는 것이다.

예를 들어, "하나님이여 내게 은혜를 베푸소서"(시편 56:1a) 같은 짧은 구절 말씀을 호흡의 리듬과 함께 묵상하며 기도하는 것이다. 호흡을 통해 말씀을 묵상하고 기도하는 것은 우리의 마음 안에서 더 큰 고요와 평안을 갖고 묵상하고 기도할 수 있도록 돕는다. 말씀과 호흡에 집중하다 보면 다른 생각과 느낌이 잠잠해지고 고요와 평안 가운데 있게 된다.

이렇게 짧은 말씀을 새기며 하나님께 마음을 집중해 기도하는 것은 기독교의 역사적 전통에서 오늘날 '예수 기도'(Jesus Prayer) —또는 예수님의 이름을 부르는 기도—로 불리는 기도 전통으로 발전했다. 예수 기도는 마음의 기도(Prayer of the Heart)로 불리기도 한다.

문헌상으로는 4세기부터 기독교인들이 예수 기도를 드린 것으로 나타나고, 오늘날과 같은 완성된 형태의 예수 기도는 5~6세기 문헌에서 처음 발견된다. 특히 예수 기도는 기독교의 한 지류인 동방정교회에서 활성화되어 내려왔다. 19세기 러시아의 한 순례자가 예수 기도를 하며 쓴 작품인 『순례자의 길』이 영적 고전으로 전 세계에 널리 알려진 이후로 동방교회만이 아니라 개신교

회와 가톨릭교회에서도 많은 사람이 예수 기도를 드리고 있다.

예수 기도는 "주 예수 그리스도 하나님의 아들이여 저(희)를 불쌍히 여기소서(저에게 자비를 베푸소서)"가 주요한 내용을 이룬다. 영어로는 "Lord Jesus Christ, the Son of God, have mercy on me"이다. 예수 기도는 예수님을 그리스도와 주님으로 고백하며 불쌍히 여기심과 자비를 청원하는 기도이다. 이러한 내용을 갖기 때문에 예수 기도는 기독교적 신앙고백을 통해 예수 그리스도를 인격적으로 만나고 죄에 대한 애통함을 통해 예수 그리스도의 자비를 구하는 데에 그 목표를 둔다.

또 하나, 예수 기도의 주요한 목표의 차원은 기도가 깊은 수준에 도달하면 하나님의 은총을 경험하는 마음의 기도가 되면서 우리의 지성과 의지는 마음 안의 깊은 평안으로 경험된다는 것이다. 예수 기도를 통해 그리스도와 함께 하는 곳에서 가장 깊은 내면의 평화를 체험하게 된다. 그래서 예수 기도를 마음의 기도라 부르는 것이다. 마음의 기도는 하나님의 은총의 특별한 선물로 주어지며 예수 기도를 통해 그리스도와 함께 하는 곳에서 깊은 고요(*hesychasm*)와 내면의 평화를 체험하게 된다.

【예수 기도의 방법】

- 얼마나 오랫동안 예수 기도를 할지 정한다. 처음에는 15분 정도 예수 기도를 해본다. 기도에 더 익숙해짐에 따라 더 많은 시간을 할애할 수 있다.
- 처음에는 소리를 내어 예수 기도를 반복한다.
- 기도에 익숙해짐에 따라 마음속으로 "주 예수 그리스도 하나님의 아들이여 저(희)를 불쌍히 여기소서"라고 반복해서 기도한다.
- 그 반복되는 말들이 기도자의 온 존재에 흐르도록 한다.
- 예수 기도를 마치면 하나님께 감사함으로 기도를 끝낸다.

예수 기도의 장점 중 하나는 다양한 장소에서 할 수 있다는 것이다. 교회와 집에서만이 아니라 버스와 지하철 안에서 또는 사무실이나 카페 등 다양한 장소에서 예수 기도를 할 수 있다. 너무 많은 고민과 마음의 갈등으로 인해 밤에 잠 못 들거나 깨어서 잠을 잘 수 없다면 조용히 예수 기도로 마음을 집중해보기를 권한다. 예수 그리스도의 은총을 간절히 구하며 의식을 기도문에 집중하면 자신도 모르는 사이에 다시 잠을 이룰 수 있을 것이다. 또는 아침에 일어나서 숲속을 거닐면서 숲길에 놓인 의자에 앉아 편안한 마음으로 예수 기도를 해보기를 권한다. 영혼 안에 그리스도의 평화가 충만함을 느낄 수 있을 것이다.

마음이 불안하고 마음을 집중할 수 없을 때에는 이러한 단순한 형태의 말씀 묵상을 통한 기도가 많은 도움을 준다. 또한 신앙을 가진 사람이라면 자신이 반복적으로 묵상하며 기도하는 것은 자신의 내면에 특별한 의미를 주게 된다.

기독교 전통에서 믿음은 두려움과 염려를 지닌 인간 존재가 모든 것을 하나님의 돌보심에 맡기는 것이다. 불안과 염려가 너무 클 때 우리의 믿음은 제대로 작동을 하지 못한다. 그러할 때 이러한 단순한 기도는 마음을 침잠시키고 마음과 생각에 평화와 기쁨을 향한 변화를 야기한다.

때로는 기도나 말씀 묵상에 마음에 집중을 하기에 어려울 정도로 마음이 불안정할 때가 있다. 그럴 때에는 기도하거나 묵상하는 것에서 주의를 돌려 밖으로 나가 집 주변이나 숲을 산책을 하는 것이 많은 도움이 된다. 산책이나 가벼운 조깅은 혼란스럽고 불안한 마음을 가라앉히고 새롭게 만드는 데 효과적이다.

자신의 상황에 맞는 성서 구문을 묵상하는 것은 지속적인 회복과 성장에 도움을 준다. 성서에는 우리가 처한 상황에 따른 적절하고 다양한 본문들이 담겨 있다. 상처로 생긴 분노로 고통 받을 때, 두려운 마음이 일 때, 외로움을 느낄 때, 마음이 우울할 때, 일에 대한 부담감을 느낄 때, 수치심을 느낄 때 등 다양한 심리적 상황에 응답하는 성서 본문을 만날 수 있다.

성서 본문을 묵상하는 것을 어렵게 생각할 것은 없다. 시편의 한 편이나 예언서나 복음서와 서신서의 한 구절이나 단락을 읽거나 암송하면서 선택한 본문을 가만히 되새기면 된다. 필자는 매일 아침 시편 23편을 한 구절 한 구절 천천히 암송하며 묵상한다. 시편 23편은 여섯 절로 구성되어 있다.

여호와는 나의 목자시니 내가 부족함이 없으리로다

그가 나를 푸른 풀밭에 누이시며 쉴 만한 물가로 인도하시는도다

내 영혼을 소생시키고 자기 이름을 위하여 의의 길로 인도하시는도다

내가 사망의 음침한 골짜기로 다닐지라도 해를 두려워하지 않을 것은 주께서 나와 함께 하심이라 주의 지팡이와 막대기가 나를 안위하시나이다

주께서 내 원수의 목전에서 내게 상을 차려 주시고 기름을 내 머리에 부으셨으니 내 잔이 넘치나이다

내 평생에 선하심과 인자하심이 반드시 나를 따르리니 내

가 여호와의 집에 영원히 살리로다.

이러한 한 구절의 단어 하나하나를 천천히 묵상하며 그 의미를 깊이 생각하고 음미하는 것이다. 때로는 시편 1편이나 다른 편들을 읽거나 암송하며 묵상한다. 특히 구약성서의 시편에는 인간의 다양한 감정과 관련된 본문들이 나온다. 시편에는 분노와 두려움, 슬픔과 원망의 부정적 감정과 감사와 기쁨, 희망과 사랑의 긍정적 감정을 다 만날 수 있다. 시편의 묵상을 통해 그러한 감정을 느끼는 시편 기자와의 동일시 속에서 우리는 자신의 생각과 감정을 하나님 앞에 내놓고 치유를 위해서 기도할 수 있다.

성서 말씀을 묵상하며 기도하기에 좋은 방법은 '거룩한 독서' (*Lectio Divina*)를 실천하는 것이다. 기독교 영성 전통에서는 초기부터 성서 말씀으로 깊이 들어가 기도하는 전통을 발전시켜왔다. 그러한 전통 중 하나가 한 단락의 성서 말씀을 묵상하고 기도하는 거룩한 독서이다. 기본적으로 거룩한 독서는 말씀에 대한 묵상, 기도를 통해 안식과 평화, 하나님과의 사랑을 지향하는 관상을 목적으로 한다. 그러나 또한 성서 말씀으로 기도하는 것은 치유적 힘과 내면을 해방하는 힘을 갖는다.

아래에 거룩한 독서, 렉치오 디비나를 하는 방법을 간략히 소개하겠다.

【거룩한 독서(Lectio Divina)의 방법】

거룩한 독서를 시작하기 전에 성령께서 마음의 눈을 열어주시도록 기도한다.

• 1단계: *Lectio*(읽기와 듣기)
성서의 한 본문을 선택하십시오. 예를 들어, 시편과 복음서 또는 예언서에서 시적 본문들 중 하나를 선택해보십시오. 그 본문을 천천히 주의 깊게 최소한 두 번 이상 읽어보십시오. 성서의 문자적 의미에 사로잡히지 마십시오. 오히려 여러분의 관심을 사로잡는 단어나 구와 절을 주의 깊게 들으십시오. 조용하게 그 구 또는 절에 초점을 맞추십시오. 그것을 외울 수 있도록 천천히 여러 차례 반복하십시오. 그것이 여러분의 가슴과 마음을 통하여 울리도록 허락하십시오.

• 2단계: *Meditatio*(깊이 묵상하기)
여러분이 선택한 구와 절에 계속하여 초점을 맞추면서 그 구절을 지성의 마음으로 그리고 가슴으로 깊이 생각하십시오. 그 구절이 왜 눈에 띄었는지, 무엇을 생각나게 하는지, 그 구절이 어떤 의미가 있는지 생각하십시오. 그것이 일으키는 생각과 감정에 관심을 기울이십시오. 어떤 심상과 어떤 생각과 어떤 기억들이 마음에 떠오르십니까? 주관적인 심리 관찰에 머무르지는 마십시오. 그 묵상한 말씀 속에서 예수 그리스도를 찾아보십시오. 선택한 본문을 다시 읽고 마음속으로 말씀들을 되씹으며 생각하고 느껴보십시오. 선택한 구와 절의 말씀을 여러분 자신의 현재 상황에 적용하십시오.

• 3단계: *Oratio*(기도하기)

말씀의 묵상을 통해서 여러분 자신과 대화를 나누었다면 이제는 기도를 통해서 하나님과 대화를 나누십시오. 성령 안에서 이해한 하나님의 말씀 안에서 자신의 생각과 질문, 혹은 느낌들을 정직하게 하나님께 모두 아뢰십시오―말씀 묵상 중에 마음속에 일어난 것을 감사와 찬양, 고백, 기원의 기도의 형태로 하나님께 아뢸 수 있습니다. 형제자매를 위한 중보의 기도를 통해 하나님께 간구하십시오. 하나님의 응답과 마음에서 일어나는 느낌에 귀를 기울여보십시오.

• 4단계: *Contemplatio*(안식하기)

이 묵상의 마지막 단계에서는 정신적인 활동을 멈추고 하나님의 사랑과 돌보심에 자신을 전적으로 맡기십시오. 하나님의 현존과 임재 안에서 편안히 쉬도록 하십시오. 여러분 자신을 침묵 속에서 쉬도록 허락하십시오. 전체 묵상이 끝났다고 느낄 때, 당신의 감사를 하나님께 표현하십시오.

성서의 말씀을 통해 묵상을 하고 기도를 하기 때문에 해당 본문 말씀을 통해, 묵상하는 사람은 내면의 치유와 인격적인 변화를 경험하게 된다. 매일 아침 거룩한 독서를 통해 성서 말씀을 묵상하고 기도하는 것은 우리의 인격과 내면을 성장하게 한다.

20세기 기독교 영성가인 헨리 나우엔은 성서 말씀을 묵상하는 것을 통해 "말씀을 분해하는 대신에 그 말씀들을 자신의 내면의 자아로 모아들이고 그 말씀에 동의하는가 아닌가를 묻는 대신에 그중에서 어떤 말씀이 직접 나에게 하시는 것이고 자신의 삶과 가장 직접적으로 연결되는지 생각해야" 하며 "말씀이 기꺼이 우리 마음의 가장 깊숙한 구석으로 그리고 다른 말이 한 번도 와 닿지 못했던 곳까지도 뚫고 들어오게 해야" 한다고 말한다.[1] 우리가 분주하고 흩어진 마음에서 벗어나 말씀에 집중할 때 그 말씀이 우리의 마음에 거처를 정하고 내면과 인격에 영향을 주고 변화시키게 된다.

묵상을 하고 나서는 묵상한 말씀을 마음에 깊이 간직하고 기억한다. 하루 중 묵상을 통해 기도한 단락과 구절을 기억함으로써 다시 말씀을 상기해본다. 이것을 기독교 전통에서는 '하나님의 기억'으로 불렀고, 이는 하루 중 일과와 노동, 휴식과 치유에 커다란 통일성을 부여해준다. 그리고 묵상한 말씀과 그 내용을 일상의 삶에서 실천에 옮긴다. 성서 말씀을 경청하고 묵상하고 기도한 것을 자신에게 주어진 하나님의 말씀으로 세상 안에서 실천하도록 헌신하는 것이다.

2) 침묵과 침묵 기도(Silent Prayer)

지금부터는 침묵과 침묵 기도에 대해 생각해보고자 한다. 침묵을 생각할 때 두 가지 형태의 침묵을 생각해볼 수 있다. 우리는 일상의 삶에서 끊임없이 사람들과 말을 하며 살아간다. 다른 사람의 말을 듣고 자신의 메시지를 전달한다. 우리가 말을 하는 것을 멈추고 외부의 소음에 노출되지 않는다면 우리는 침묵하게 된다.

---

1 헨리 나우엔, 『영적 발돋움: 영성 생활의 세 가지 움직임』(서울: 두란노서원, 2007), 171-172.

이것을 외적 침묵이라고 부른다. 흔히 '침묵'이라고 하면 이러한 외적 침묵을 떠올릴 것이다. 그러나 외적 침묵 가운데서도 우리는 끊임없이 생각과 상상의 나래를 펼 수 있다. 비록 입은 침묵하고 있을지라도 내일에 대한 계획과 걱정, 과거의 상처로 인한 부정적 느낌 등 내면은 침묵하지 못하고 무엇인가를 계속 생각하고 마음은 분주할 수 있다. 내적 침묵이란 이러한 생각과 상상과 느낌을 넘어서 마음의 고요와 평화 가운데 있는 것이다.

첨단의 시대를 살아가는 우리에게는 어느 시대보다도 홀로 있는 시간을 통한 침묵이 절실히 필요하다. 실제로 우리는 많은 경우 바쁘게 살아가고 끊임없는 소음과 말의 성찬에 노출되어 있다. 분주할 때일수록 일상의 언어와 일을 멈추고 고요 가운데 자신의 내면에 귀 기울여야 한다. 침묵은 일상의 분주함에서 벗어나 고요 가운데 홀로 자신의 내면으로 깊이 들어가는 과정이다. "네 골방에 들어가 문을 닫고 기도하라"(마태복음 6:6)는 성서 말씀처럼 홀로 있는 조용한 장소에서 내면의 침묵을 할 수 있도록 해보라. 침묵하는 것이 떠오르는 다양한 생각들의 흐름 때문에 처음에는 어색하고 어려울 수도 있다. 처음에는 '왜 이 어려운 침묵을 해야 하지?' 하고 생각할 수도 있다. 그러나 자주 침묵 속에 있는 시간을 가질수록 침묵하는 것에 익숙해질 것이다. 침묵이 어려울 때는 자신의 호흡에 집중하는 것도 도움이 된다. 기독교 영성 전통에서는 침묵 기도(silent prayer)를 할 수 있는 전통적인 방법들이 있어왔다. 침묵 자체가 목적이 아니라면 이러한 침묵 기도를 해 보는 것을 권유한다.

기독교 전통에서 침묵 기도의 핵심은 하나님의 현존 가운데 머무는 것이다. 침묵 기도를 한다고 해서 우리가 항상 하나님의 현존 가운데 있는 것은 아니다. 침묵 기도에는 두 가지 움직임이 있다. 기도하는 동안 하나님의 현존을 기다리며 준비하는 것과 아니면 실제로 하나님의 현존 안에 있게 된다. 성서에서는 하나님을 만난 사람들이 침묵과 고요 가운데 하나님의 임재를 경험하는 모습들을 보게 된다.

구약성서 열왕기상 19장을 보면, 죽음의 위협에 처한 예언자 엘리야는 40일 주야에 걸쳐 광야를 건너 이스라엘 백성들이 출애굽 때 하나님을 만났던 호렙 산에 이르러 하나님을 만난다. 엘리야는 하나님을 체험하게 되는데 강한 바람과 지진과 불 가운데서 그는 하나님을 만나지 못했다. 대신, 침묵 가운데 부드럽고 조용한 음성으로 말씀하시는 하나님을 경험한다. 하나님은 침묵과 고요 가운데 엘리야에게 세미한 음성으로 말씀하셨다.

우리는 어떻게 침묵 기도를 통해 하나님을 만나는 내면의 고요함으로 나아갈 수 있을까? 침묵 기도를 할 수 있는 가장 좋은 방법 중 하나는 이미 말한 예수 기도와 렉치오 디비나를 하는 것이다. 예수 기도와 렉치오 디비나를 한 뒤에는 깊은 침묵 가운데 고요와 평화가 생기는 것을 경험하게 된다. 이 깊은 침묵 속의 고요와 안식의 상태를 전통적으로 예수 기도에서는 헤시카즘(*hesychasm*)으로 그리고 렉치오 디비나에서는 콘템플라티오(*contemplatio*)라고 불러왔다.

예수 기도와 렉치오 디비나를 한 뒤에 침묵 속에서 어떠한 영상, 생각, 말을 떠올리지 말고 단순히 하나님의 현존만을 느끼며 하나님의 현존 안에 오랫동안 머무르도록 해보라. 즉, 침묵 속에서 하나님의 현존에 마음의 문을 여는 것이다. 우리는 침묵 기도 동안 고요 가운데 하나님의 현존을 기다리든지 또는 실제로 하나님의 현존 안에 있게 된다. 이러한 침묵 중의 평화와 안식 가운데서 치유가 일어나며 자유와 평안을 느끼게 된다. 기독교적인 시각에서 말한다면 하나님의 임재가 주시는 은혜 체험을 통해 자유와 평화, 안식의 기쁨을 누리게 된다. 이것은 하나의 은총이다.

기독교 영성 전통에서는 이러한 경험을 관조적 경험(contemplative experiences)이라 불러왔다. 기독교 전통에서 관조적 경험은 단순한 평화, 고요함, 기도의 방법 이상으로 포괄적으로 기술되어왔다.

기독교 영성학자인 필립 셸드레이크는 기독교 전통에서 관조적 경험을 세 가지 특징과 관련되는 것이라고 말한다. ① 평화와 진리의 깊은 샘을 접촉하는 일시적인 즐거움을 넘어서는 깊고 지속적인 만족, ② 자기중심성과 자기 자신으로부터 벗어나 하나님과 모든 사람 및 사물과의 조화와 일치, ③ 겉으로 드러나는 수많은 피상적 욕구에 갇혀 있지 않고, 진정한 욕구를 진정성을 갖고 선택하는 것.[2]

묵상과 침묵 기도를 통해 이러한 관조적 경험을 할 때 내면에는 더 큰 평화와 기쁨이 샘 솟아날 뿐 아니라 단순한 쾌락을 넘어서는 깊고 지속적인 만족을 누릴 수 있게 된다. 그리고 세상의 찰나적 욕망에 따라 살아가는 것이 아니라 삶의 진정한 목적을 추구하게 된다.

젊은 시절에는 외향적인 일들에 몰두하기 쉽다. 친구와 만나서 이야기하고 술을 마시며 시끌벅적하게 노는 것이 재미있을 수 있다. 아니면 운동을 하거나 스포츠를 관람하거나 영화감상 같은 문화생활에 관심이 많을 수도 있다. 홀로 있는 가운데 내면으로 깊이 들어가 자신을 성찰하고 평안과 고요 가운데 머무는 일은 젊은이들에게 낯설 수도 있다. 그러나 종교 전통에 관심을 갖고 묵상과 기도를 하는 것은 인간의 삶에 본질적인 것이다. 인간은

---

2 Philip Sheldrake, *Befriending Our Desires* (Notre Dame: Ave Maria Press, 1994), 103-104.

본질적으로 자기정체성을 찾고 삶의 의미와 목적을 추구하며 영혼의 평안과 기쁨을 추구하는 존재이다. 그런 면에서 자신의 종교를 통해 자신이 어떠한 존재인지 성찰하고 깊은 고요와 평안 가운데 삶의 안식과 기쁨을 추구하는 것은 인간 존재의 본질적인 부분이다. 청년들이 그러한 것에 관심을 갖고 추구한다면 삶을 더 풍요롭고 가치 있게 만들 수 있을 것이다.

2. 자연의 신비와 함께 하기

여러분은 자연의 아름다움과 변화 가운데서 깊이 몰입하거나 휴식을 느껴본 적이 있는가? 붉은빛과 초록빛의 형형 색깔로 변하는 노을을 바라보며 경탄하거나 계절을 따라 변하는 자연의 경이로움에 전율을 느낀 적이 있는가?

필자는 젊은 시절 태국을 여행한 적이 있다. 여행 계획에도 없이 엉겁결에 방콕 주변의 일일투어에 참여했는데 오후에 불교사원을 둘러보다가 그만 가이드와 일행을 놓치게 되었다. 그래서 사람들에게 물어 혼자 기차를 타고 방콕으로 돌아왔다. 그때 완행열차 안에서 보았던 석양을 지금도 잊을 수가 없다. 붉은빛과 주황빛과 검은빛으로 시시각각 순식간에 변하는 일대 장관의 노을이었다. 한국에서는 이전에 보지 못했던 그처럼 아름답고 변화무쌍한 석양도 세상에 있다는 것을 처음으로 알게 되었다. 자연의 신비스러운 변화와 아름다움 속에서 느꼈던 그 경이로이 아직도 생생하게 떠오른다.

필자의 경험과 유사하게 빅터 프랑클은 아우슈비츠 강제수용소에서 수용자들을 감동시켰던 자연의 아름다움을 경험했던 순간을 글로 남겼다. 어느 날 저녁 수용소에서 일을 마친 수감자들이 본 청색과 적색과 잿빛으로 그 색깔과 모양을 계속 바꾸는 석양은 그들을 감동케 해 침묵시켰다고 한다. 그 침묵 속에서 수용소의 수감자 중 한 명이 이렇게 말했다고 한다. "세상이 이렇게 아름다울 수도 있다니." 죽음의 공포와 학대의 고통 가운데서도 그들은 자연의 신비를 통해 세상의 아름다움을 느낄 수 있었던 것이었다. 그날의 경험에 대해 프랑클은 이렇게 적고 있다.

아우슈비츠의 강제수용소에서도 자연은 아름답게 빛나고 있었다. 다만 우리는 일상의 삶에서 그것을 깨닫지 못하고 지나칠 때가 많다.[3]

---

3 빅터 프랑클, 『죽음의 수용소에서』, 82.

그렇다. 자연은 아름답게 빛나고 우리에게 감동과 생명의 힘을 준다. 다만 우리가 그것을 일상의 삶에서 깨닫지 못하고 지나칠 뿐이다. 그것은 아름다운 빛깔로 물든 석양과 끝없이 펼쳐진 바다와 산맥의 웅장함에서만 느낄 수 있는 것은 아니다. 우리 주변에 있는 작은 산들과 산기슭에 있는 둘레길에서도, 계곡을 따라 졸졸 흐르는 냇가와 실개천, 굽이굽이 흐르는 강의 자연 세계에서도 느낄 수 있다.

필자는 이러한 자연을 사랑하고 이 창조세계와 함께 하는 것을 좋아한다. 자연을 사랑하는 것은 자연이 주는 생명의 힘을 경험하기 때문이라고 생각한다. 영국 속담에 "자연은 자기를 사랑하는 사람을 절대로 기만하지 않는다"라는 말이 있다. 자연은 인간을 속이지 않을 뿐 아니라 자연을 사랑하는 사람에게 살아 있음과 생명의 힘을 불어넣어 준다.

필자는 미국 캘리포니아에서 박사과정을 시작할 때 차를 빌려서 태평양 해안가를 따라 난 1번 국도 주변에 있는 빅서(Big Sur)라는 곳을 아내와 함께 다녀왔다. 빅서 주변은 바닷가에 면한 1차선 도로를 따라 아름다운 해안 절벽과 작은 섬들이 계속해서 나타나는 풍경으로 마치 대서사시를 읽는 것 같았다. 위대한 대자연은 계속해서 차를 세우고 싶은 흥분과 경탄과 기쁨을 자아내게 하였다. 다양한 기암괴석과 자그마한 만 안에 있는 폭포와 해변 그리고 해안가를 잇는 아름다운 다리들은 추운 겨울 날씨와 바람을 잊고 바라보게 할 정도로 깊은 감동과 정신의 새롭게 함을 제공해주었다. 그때 경험했던 자연의 위대함과 아름다움은 나의 정신을 새롭게 해주었고 많은 부담이 됐던 박사학위 과정을 시작하는 좋은 출발점이 되었다. 그리고 한 학기에 한 번씩은 빅서나 그 인근인 몬터레이의 바닷가를 찾아가곤 했다.

지금도 때때로 연구와 강의로 분주하고 사람들로 인해 스트레스를 받을 때면 자연의 창조세계와 함께 하려고 길을 나선다. 자연의 아름다움과 신비를 느끼는 것은 생명의 힘과 살아 있음의 힘을 제공해주기 때문이다. 필자가 근무하는 학교는 산기슭에 있어 마음만 먹으면 나무들로 우거진 숲속을 홀로 산책하며 걸을 수 있다. 구두를 신었든 운동화를 신었든 개의치 않고 숲속에 난 작은 길들을 무작정 걷는다. 오솔길을 걷다 보면 만나는 작은 의자에 앉아 휴식을 취하며 먼 산을 바라보기도 하고 깊은 호흡을 하기도 한다. 그리고 침묵 가운데 기도를 한다.

과학적으로는 산이나 숲에 들어가면 나무들이 품어내는 피톤치드(phytoncide)가 뇌와 심폐 기능에 영향을 주어 스트레스를 해소하고 몸의 면역력을 강화한다고 한다. 그러나 그러한 과학적인 설명을 하지 않더라도 산과 숲과 바다의 창조세계가 우리의 정신과 신체에 생명의 힘을 불어넣어 주는 것을 누구나 체험할 수 있다.

　운동선수들도 슬럼프에 빠져 자신의 의지대로 성적이 나오지 않을 때는 연습에 집중하기보다 산을 찾아 등산을 한다는 이야기를 신문에서 본 적이 있다. 운동과학적으로 본다면 슬럼프를 벗어나기 위해 등산을 하는 시간에 선수들이 웨이트 트레이닝과 연습에 집중하는 것이 더 효과적일 수 있다. 그러나 산과 길벗 삼아 산행을 하는 것이 그들이 연습으로도 벗어나지 못했던 슬럼프를 벗어나게 한다는 것이다. 그것은 자연이 주는 정신적인 치유와 회복의 선물이다. 자연은 인간의 영혼을 소생시키고 정신을 새롭게 만들어준다.

　하워드 써먼(Howard Thurman) 목사는 미국의 흑인 영성가로 1960년대 흑인인권운동에 큰 영향을 주었던 분이다. 그는 미국에서 최초로 흑인과 백인이 함께 예배하는 교회를 설립했다. 그의 영적 삶을 살펴볼 때 두드러진 특징 중 하나로 '자연 신비주의' (Nature Mysticism)를 꼽는다. 그는 어린 시절 플로리다의 데이토나(Daytona)에서 살았는데, 그곳은 강과 바다가 만나는 아름다운 곳이었다. 어린 시절 고향인 데이토나에서 경험했던 대서양과 핼리팩스 강(Halifax River), 숲과 폭풍우, 별이 빛나는 밤하늘은 써먼에게 미래의 영적 삶에 기초를 놓아준다. 써먼은 어린 시절 하루의 대부분을 핼리팩스 강에서의 낚시를 하고 숲을 탐험하며 산딸기와 오렌지를 수집하며 보냈다고 한다. "숲의 조용함 그리고 위험함조차도 나의 외로운 정신에 인간관계에 의존하지 않는 소속감을 제공했으며, 숲에서 홀로 있는 시간은 고요함의 힘과 숲의 살아 있음을 느낄 수 있게 했다"고 그는 고백한다.[4]

자연의 신비와 함께 하는 것은 우리가 묵상과 기도를 통해 얻을 수 있는 것과 같은 생명의 힘을 제공해준다. 자연과 교감하는 것은 인간의 고통을 치유하고 생명의 힘을 통해 우리의 정신과 신체를 건강하게 만들어준다. 써먼은 훗날 그가 흑인으로서 미국 사회에서 당했던 많은 차별의 상처와 고통을 이겨내는 데에 그가 어린 시절 경험했던 자연의 신비와 아름다움이 중요하게 작용했다고 말한다.

써먼의 자연 신비주의에서 우리가 경험하지 못하는 특별한 점은 그가 의인화된 대상으로 자연과 대화를 나누는 모습이다. 그는 어린 시절 경험했던 플로리다의 밤하늘을 친구라고 생각하고 대화를 나눈다. 써먼은 밤이 자신의 언어를 가졌는데 때로는 대양의 파도와 같은 움직임이 있기도 했고, 때로는 적막감만이 있기도 하였다고 생각했다. 그때 그는 밤이 생각하는 것을 들을 수

---

[4] Howard Thurman, *With Head and Heart: The Autobioghraphy of Howard Thurman* (San Diego: Harcourt Brace & Company, 1979), 7.

있었고, 밤이 느끼는 것을 느낄 수 있었으며, 밤이 마치 포옹해주고 안아주는 것에서 안전감을 느꼈다고 말한다. 그는 밤하늘만이 아니라 자신의 집에 있던 참나무와 대화를 하며 밤하늘과 참나무가 주었던 생명의 힘과 포근함, 위로해주고 지지해주는 힘, 평안에 대해 회상한다.

필자는 써먼 목사처럼 자연에 대한 민감한 감수성으로 자연과 대화를 해보지는 못했다. 하지만 그가 말한 자연과 교감하며 삶을 동행하는 친구로서 살아가는 것의 중요성을 강조하고 싶다.

현대 사회에서 청년들을 포함하여 우리 어린이들과 청소년들의 삶은 TV나 스마트폰, 아이패드 같은 미디어에 빠져 있는 경우가 너무 많다. 우리는 TV를 일컬어 바보상자라고 부른다. TV는 사람을 바보로 만들기도 하지만 그것이 갖고 있는 상업광고로 인한 인간 욕망의 증폭과 폭력적 모습들을 통해 인간을 욕망과 폭력의 노예로 만들 수 있는 위험성이 있다. 이제는 TV보다도 더 다양한 스마트 미디어들이 인간을 더 욕망의 노예로 그리고 폭력에 더 무디게 만들고 있다. 나는 청년들이 그리고 우리 아이들과 청소년들이 TV와 스마트 미디어에 할애하는 시간을 자연과 교감하는 시간으로 대체할 수 있다면, 또는 자연 안에서 운동을 하거나 사람들과 교제를 나누는 시간에 활용할 수 있다면, 그들의 삶이 더 건강해지리라고 확신한다.

한국은 국토의 70% 이상이 산지로 이루어진 자연환경이 주는 장점이 많다. 시골이 아닌 도시에 거주하고 있어도 가까운 곳에서 산이나 숲을 접할 수 있는 것이다. 또는 자신이 거주하고 있는 지역의 가까운 곳에 바다와 냇가가 흐르는 환경에 사는 분들도 많을 것이다. 3면이 바다로 둘러싸여 있어 대부분의 지역에서 2~3시간 안에는 바다를 만날 수 있다. 그러한 자연 세계로 산책을 하거나 소풍을 나서 그곳에 있는 나무와 꽃, 시냇물과 바다, 일출과 일몰을 만나보라. 자신의 주의를 자연 세계로 돌리고 그 자연 세계의 피조물들이 자신에게 무엇을 말하는지 귀 기울여보고 그때 마음에 떠오르는 생각과 느낌을 알아차리려고 해보라. 자연과 직접 대화하지 못할지라도 창조세계의 놀라운 아름다움과 생명의 힘을 인식할 수 있을 것이다. 자신의 주의를 자연 세계로 돌리고 바라보고만 있어도 큰 생명의 힘을 얻는 것을 느낄 수 있을 것이다.

또한 아름다운 자연 세계를 선물로 주신 창조주에게 감사의 기도를 해보라. 그리고 그때의 생각과 느낌과 기도를 글로 기록했다가 가끔씩 그 글을 읽으며 그때의 기억과 상상 안에서 자연의 선물을 다시 음미해보라. 우리는 생명력으로 더 가득 찬 삶을 살아갈 수 있을 것이다.

제8장

긍정 감정과 영성

인간은 기쁨과 비탄을 위해 태어났으며
우리가 이것을 올바르게 알 때,
우리는 세상을 안전하게 지나갈 수 있다.

기쁨과 비탄은 훌륭하게 직조되어
신성한 영혼에는 안성맞춤의 옷,
모든 슬픔과 기쁨 밑으로는
비단으로 엮어진 기쁨이 흐른다.
— 윌리엄 블레이크, 『천국과 지옥의 결혼』중 "순수의 전조"

인간 존재의 확실성을 생각하는 데서 찾았던 데카르트의 진술

—"나는 생각한다. 그러므로 나는 존재한다"—을 예로 들지 않더라도 인간은 분명 생각하는 존재다. 그러나 또한 인간은 감정을 느끼며 살아가는 정서적 존재다. 사고와 정서는 인간이 갖고 있는 영혼의 능력 중 가장 대표적인 것이라고 할 수 있다. 인간이 갖고 있는 정서적인 면은 한 인간이 그리고 공동체가 건강한 삶을 살아가는 데 중요하다. 특히 한국 사람들은 문화적으로 볼 때 생각 또는 사고를 통한 이성적인 면보다는 느낌을 통한 정서적인 면이 강하게 표출될 때가 많다. 이 장에서는 정서의 측면을 통해, 특히 긍정 감정이 인간을 치유하고 행복한 삶을 살아가는 데 어떻게 작용하는지 생각해보고자 한다.

우리는 다양한 감정 표현을 하며 살아간다. 인간이 가진 정서를 크게 긍정 감정과 부정 감정으로 구분해볼 수 있다. 긍정 감정은 감사·기쁨·용서·희망·사랑 등이고, 부정 감정은 두려움·불안·분노·슬픔·비탄 등이 될 것이다. 긍정 감정이 갖고 있는 치유적인 면과 건강성을 강조하기 때문에 다른 측면으로 부정 감정은 좋지 않을 것으로 오해하기 쉽다. 그러나 부정적인 감정들이 무조건 나쁜 것은 아니다. 때때로 인간에게는 부정적인 감정도 필요하다.

만약 어떤 사람이 전혀 두려움과 불안을 느끼지 못한다면 그 사람은 위험에 쉽게 노출된다. 예를 들어, 옆에 무서운 도사견이 있는데 아무런 두려움을 느끼지 못하고 다가간다면 어떠한 일이 벌어지겠는가? 아마도 그 사람은 십중팔구 그 개에게 물려서 크게 다칠 것이다.

인간을 포함한 동물의 뇌에는 이러한 두려움과 불안의 정서를 관장하는 부분인 편도체가 좌뇌와 우뇌 양쪽에 있다. 편도체의 역할과 관련하여 쥐를 대상으로 한 실험이 있다. 실험에서는 쥐의 편도체를 제거하고 고양이 옆에 갖다놓았다. 하지만 쥐는 고양이가 다가와도 전혀 무서워하지 않았다. 그 쥐는 고양이의 공격의 위협에 무방비로 노출되었다. 이렇듯 두려움과 불안도 때로는 필요한 것이다.

분노도 때로는 필요한 감정이다. 불의를 보고도 분노하지 못한다면 그것은 바람직한 인간의 성정은 아닐 것이다. 하지만 이러한 부정 감정들이 오래 지속되거나 너무 강렬하게 느낀다면 문제가 된다. 가족이나 친구처럼 가까운 사람이 어느 날 갑자기 사망했다면 슬픔을 느끼는 것은 당연하다. 그러나 그 슬픔이 지나쳐 몇 달이 지나가도 슬픔의 고통으로 아무 일도 할 수 없다면 부정적 정서가 문제를 야기하는 것이다. 어떤 사람은 승강기 안이나 터널과 같은 곳에서 숨이 막히는 듯한 강한 두려움과 불안을 느끼기도 한다. 이처럼 불안과 스트레스를 너무 과도하게 느끼거나 오랫동안 지속적으로 느낀다면 그것은 공황이나 강박, 범불안

장애 같은 정신의학적 불안장애가 되는 것이다.

분노도 마찬가지다. 매일 매 시간마다 사소한 일에도 화를 내게 되면 그 사람은 인격상의 장애를 갖게 된다. 그러므로 부정적인 감정은 필요한 것이지만 그것이 오랫동안 지속되지 않도록 잘 관리하는 것이 중요하다.

성서를 보면 이런 구절이 나온다. "화를 내더라도, 죄를 짓는 데까지 이르지 않도록 하십시오. 해가 지도록 노여움을 품고 있지 마십시오"(에베소서 4:26). 때로는 화가 머리끝까지 치미는 일이 생길 수 있지만 그 분노를 다음 날까지 연장을 해서는 안 된다는 말씀이다. 그 분노가 여러 날 지속되면 자기를 화나게 한 사람에게 복수를 한다든지, 죄를 범할 가능성이 커지고 또한 자기 자신에게도 상당히 부정적인 영향을 준다.

마음의 상처와 아픔으로 고통을 받는 사람들은 이러한 부정적인 감정들에 사로잡힐 때가 많다. 이러한 문제에 대한 해답은 우리 마음의 부정적인 감정들을 조절하고 정화할 수 있도록 노력하고, 다른 한편으로 긍정 감정을 갖고 매일의 일상의 삶을 살아가는 것이다. 물론 부정적인 감정들을 조절하는 것이 쉬운 일은 아니다. 그렇기에 지금까지 마음의 상처와 아픔을 치유하는 방법, 즉 부정적인 생각들과 감정들로부터 더 자유로워질 수 있는 방법들을 다루어왔던 것이다.

필자는 이 장에서 마음을 다스리는 방법으로 긍정적인 감정을 갖고 일상을 살아가는 것을 강조하고자 한다. 우리가 더 많은 긍정 감정을 갖고 살아갈 수 있다면 삶은 더 큰 에너지로 채워질 수 있으며 더 긍정적인 방향으로 나아갈 수 있다. 이러한 필자의 생각은 21세기를 전후한 '긍정심리학'(Positive Psychology)의 발전과 궤를 같이 한다.

과거의 정신의학과 심리학이 정신병리와 같은 부정적 정서에서의 해방에 초점을 맞추었다면 지난 20년간의 긍정심리학의 발전은 인간이 갖는 긍정적인 정서와 강점과 덕의 발현에 더 초점을 맞춤으로써 건강한 삶을 살아가는 데에 목적을 두고 있다.

필자는 이 장에서 이러한 긍정심리학의 성과와 함께 인간의 영성에 대해 다룰 것이다. 이를 통해 감사와 기쁨과 희망의 긍정 감정과 사랑이 어떻게 우리를 치유하고 긍정적인 삶으로 인도하는지 살펴보고자 한다.

1. 감사와 기쁨과 희망의 긍정 감정

성인발달 연구로 유명한 하버드 대학의 정신과 의사인 조지 베일런트(George Vaillant)는 그랜트 연구라고 알려진, 약 800명의 사람을 10대와 20대부터 노년과 죽음에 이르기까지의 긴 종단 연구를 선임자들에게 물려받아 진행했다. 그는 성공적인 성인발달과 행복한 노화에서 가장 중요한 요소 중 하나로 "삶을 즐기고 삶에 감사할 줄 아는 것"이라고 말한다.[1]

베일런트가 인생발달을 연구한 사람 중 이탈리아계 이민자 가정에서 태어난 앤서니 피렐리라는 실존 인물이 있다. 그는 알코올중독에 걸려 자식들을 학대하는 아버지와 우울증에 걸린 어머니 그리고 그 둘 사이에 싸움이 그치지 않았던 가정에서 태어났고, 결국 부모는 그가 어린 시절 이혼을 하고 말았다. 피렐리의 유년 시절은 매우 암울하고 고통스러웠으며, 경제적으로도 매우 가난했다. 그러나 이러한 불운한 환경에서 자란 피렐리는 중년과 노년에 어느 누구보다도 행복하고 성공적인 삶을 살아가게 된다. 무엇이 피렐리의 인생에 그러한 큰 변화를 가져왔을까?

변화의 가장 중요한 요인 둘 중 하나는 자기와는 다른 행복한 가정 배경을 둔 현명하고 사랑스러운 아내를 19세에 만나 아내와 자식들과 사랑 가운데서 살아갈 수 있었다는 점이다. 다른 하나는 매사에 감사할 줄 알았다는 피렐리의 인성에 기인했다.

피렐리는 기술고등학교를 졸업하고 만 17세에 공군에 입대했

---

[1] 조지 베일런트, 이덕남 옮김, 『행복의 조건』(서울: 프런티어, 2010), 40-48.

는데 제대하기 직전인 19세에 위문 댄스파티에서 아내를 만나 결혼을 하게 된다. 그의 아내는 즐거움이 가득한, 심각한 문제라고는 찾아볼 수 없는 좋은 가정에서 성장했다. 아내는 피렐리가 어려운 상황을 헤쳐 나갈 수 있게 도운 평생에 걸친 절친한 친구가 됐다. 그가 성인이 되어서 아내와 처가를 만나면서 신뢰와 격려, 사랑과 기쁨의 경험을 할 수 있었던 것이다.

피렐리는 상황과 환경에 대한 원망과 불평보다는 항상 감사하는 마음으로 타인들에게 관대할 수 있고, 자신이 가진 것을 타인들과 나눌 수 있는 사람이었다. 이것이 피렐리가 고통스러운 유년 시절을 보냈지만 어린 시절의 아픔과 상처를 극복하고 행복하고 건강한 중년과 노년 시절을 경험하게 한 대표적인 원인이었다고 베일런트 박사는 말한다.

감사하며 살아가는 것의 중요성을 인정하는 사람들도 단지 감사하며 살아가는 것이 인생의 역경과 시련을 극복하고 성공적인 삶을 살아갈 수 있는 원천을 제공한다는 것에 대해 의문을 달 수도 있을 것이다. 그러나 역경을 극복하거나 인생의 성취를 이룬 사람들 중 많은 사람이 감사의 기적을 이야기한다.

독일의 영성가인 안셀름 그륀 신부는 감사하는 마음을 가진 사람은 인생의 불행이나 방해물을 만날지라도 내적인 기쁨을 잃지 않으며, 자신의 계획이 무산되는 일이 있더라도 어딘가에 있

을 더욱 넓은 길로 연결될 새로운 문을 찾을 수 있다고 말한다.[2]

피렐리처럼 우리는 감사할 때 절망하지 않고 인생의 새로운 기회를 찾아나갈 수 있으며, 긍정의 힘으로 현재와 미래를 일구어나갈 수 있다. 감사하는 마음은 삶에 긍정적인 에너지를 제공한다. 불평하고 원망할 때와 감사할 때의 마음을 한 번 비교해보라. 일단 감사하면 얼굴에 미소가 생겨나고 마음이 즐거워진다.

필자가 이 장의 초고를 작성한 것은 일 년 중 가장 더운 7월의 마지막 날 34도의 무더위 속에서였다. 가만히 있어도 땀이 솟는 날씨에서도 하고 있는 일에 감사하는 마음을 품자 불쾌한 감정들은 사라지고 긍정의 에너지가 생겨났다. 불쾌지수는 온도와 습도를 기준으로 수치로 제시되지만 그것을 느끼는 것은 사람마다 차이가 있다. 불쾌함, 불평, 아픔은 객관적이기도 하지만 그것을 느끼는 정도는 사람에 따라 상당히 주관적일 수 있는 것이다.

감사는 우리가 불평과 불만으로 갖는 부정적인 에너지를 긍정적으로 변화시켜주는 역할을 한다. 그렇기 때문에 감사는 삶에 에너지를 제공해주며 삶의 긍정적인 부분들에 대한 인식을 통해 삶 전체를 긍정적으로 이끌어가게 한다. 감사하면 우리의 삶은 그

---

2 안셀름 그륀, 이미옥 옮김, 『하루를 살아도 행복하게』(서울: 위즈덤하우스, 2007), 153.

렇지 않을 때보다 분명 에너지가 넘치고 즐거워진다.

필자의 미국 유학 시절을 다시 언급하는 걸 용서해주기 바란다. 일생에서 행복했던 시기 중 하나로 주저 없이 꼽기 때문에 다시 한번 소개한다. 박사학위를 마친 뒤였다. 물론 박사학위를 무난히 마칠 수 있었던 성취에서 오는 기쁨과 즐거움도 컸지만 당시 나를 압도했던 가장 큰 감정은 감사였다. 여러 우여곡절과 어려움 가운데 학위를 마칠 수 있게 인도하신 하나님께 대한 감사, 경제적으로 크게 도움을 주시며 헌신해주셨던 부모님에 대한 감사, 남편과 함께 어려운 시기를 잘 이겨낸 아내에 대한 감사 그리고 학위를 마칠 수 있도록 도와주신 교수님들과 미국에서 만난 다른 여러 사람에 대한 감사의 마음 그것이 가장 컸다. 7년간에 걸친 유학 생활 동안 갖가지 어려움이 있었지만 감사할 수 있었기 때문에 그 시간들을 긍정적으로 생각할 수 있었다. 또한 당시 감사의 마음이 컸기 때문에 정말로 행복했고 기뻤다. 그리고 무엇인가 새로운 일을 할 수 있는 에너지와 활력이 넘쳤고 미래에 대한 기대도 밝았다.

성서에는 "항상 기뻐하라. 쉬지 말고 기도하라. 범사에 감사하라. 이것이 그리스도 예수 안에서 너희를 향하신 하나님의 뜻이니라"(데살로니가전서 5:16-18)라는 구절이 나온다. 범사에 감사하라는 말은 모든 일에 감사하라는 것이다. 모든 일에 감사한다는 것은 그렇게 쉬운 일은 아니다. 그러나 살아 있고, 호흡하고 건강하게 운동할 수 있으며, 밥 세끼 먹을 수 있고, 가족들과 함께 할 수 있고…… 이러한 사소한 일들 가운데서도 감사를 느낄 수 있다. 필자는 매일 아침 일어나면 하나님께서 오늘 하루를 주심을 감사하며 시작한다. 그런 점에서 하루의 시작을 감사로 시작하고 있다.

매일 하루 중 또는 하루를 마치면서 오늘 자신에게 어떠한 감사할 수 있는 일이 있었는지를 찾아보라. 잠자리에 들기 전 오늘 있었던 즐거운 일 때문이든 오늘 만났던 사람 덕분이든 분명 한 가지는 감사할 일이 있었을 것이다. 그것에 감사하라.

감사할 때 마음속에는 기쁨이 자연히 우러나온다. 우리를 즐겁게 하고 우리에게 큰 에너지를 주는 긍정의 감정이 기쁨이다. 여기서 필자가 말하는 기쁨은 쾌락의 즐거움과는 구분되는 것이다. 그것은 노력과 전념과 헌신을 통해 성취되는 기쁨을 말한다.

흔히 기쁨을 생각할 때 쾌락적인 즐거움을 생각하지만 그것은 순간적이며 부정적인 측면을 남긴다. 쾌락을 추구하여 육체적·정신적 욕구가 충족되었을 때 우리는 만족감을 느끼지만 그 만족감은 순간적이며 소비적이다. 성적인 오르가슴, 맛있는 것을 먹는 미식의 즐거움, 목욕을 한 뒤에 느끼는 편안함 등 인간의 육체적·정신적 욕구의 충족은 순간적이며 중독적인 측면이 있다. 아침에 커피 한 잔을 마시며 느끼는 즐거움을 생각해보면 우리는 혀와 입의 감각기관을 통해 즐거움을 얻지만 그것은 일시적인 것임을 알 수 있다. 또한 과도한 양의 커피는 건강에 좋지 않다. 그 것은 우리가 경험하는 대부분의 육체적·정신적 욕구의 충족에서도 마찬가지다. 스포츠 토토 같은 도박에 빠지는 것도 상당히 큰 흥분과 전율, 짜릿함의 정신적 쾌락을 만들어내지만 그것도 순간적이며 반복되는 경우 큰 후유증을 남긴다. 그런 점에서 필자가 말하는 기쁨은 좀 더 지속적이고 노력과 전념과 헌신을 통해 사람을 건강하게 만드는 기쁨이다.

우리가 기쁨을 느끼는 때를 생각해보자. 기쁨을 느끼는 대표적인 경우는 노력을 통해 성취를 이루었을 때이다. 여러분도 여러분의 과거에 기쁨을 느꼈던 때를 잠시 생각해보라. 나의 경우는 초등학교 시절 처음으로 반장이 되었을 때 그 소식을 어머니에게 알리려고 집으로 돌아와 어머니를 찾을 때가 생각난다. 반장이 되었다는 성취의 사실도 기뻤고, 그 기쁨을 가장 친밀한 사람인 어머니와 함께 나눌 때 또한 기뻤다. 지금까지 인생을 살아가면서 이루었던 성취의 시간은 크고 작은 많은 기쁨이 함께 했다. 대학에 합격한 사실을 대학교 대운동장의 합격판에서 수험번호를 찾아 확인했을 때, 박사학위의 마지막 관문인 구두시험을 끝냈을 때, 아내가 아이를 임신했을 때 그리고 사랑하는 아이를 낳았을 때 등 무엇인가 성취의 시간들은 기쁨으로 가득했다.

그러나 우리의 삶이 자신의 성취에만 기뻐할 수 있다면 우리의 기쁨의 능력은 매우 제한된다. 매일같이 무엇인가를 성취하는 인생은 없다. 성취는 많은 노력을 요구하기 때문이다. 그러나 우리는 기뻐할 수 있는 능력을 더욱 확장할 수 있다. 올림픽 메달리스트들이 외치는 함성 속에서 그들의 기쁨을 느껴보라. 왜냐하면 우리는 타인의 성취에서도 기뻐할 수 있기 때문이다. 올림픽이 열리고 있을 때 밤을 세워가며 한 번도 만나보지 못한 선수가 이루는 성취와 환호에 함께 기뻐하던 것을 떠올려보라. 그 선수가 이룬 성취에 진정으로 기뻐하고 행복해하지 않았던가? 왜 그랬을까? 기쁨은 타인들의 성취에서도 그리고 타인들과의 관계 속에서도 이루어진다. 우리가 만나는 주위의 사람들에게 그러한 마음의 문을 확장한다면 훨씬 자주 기쁨을 느낄 것이다. 기쁨은 나누면 두 배가 된다는 속담처럼 마음 그릇이 커질수록 삶은 더욱 기쁨으로 충만하게 된다.

무엇을 성취하지 않더라도 단지 헌신과 전념을 통해서 우리는 기쁨을 느낄 수 있다. 필자는 항상 새 학기가 되면 강의에 열정을 갖고 충실히 하고자 하지만, 특히 교수에 임용되고 첫 한 해는 참으로 큰 열정을 품고 강의를 했다. 강의 숙련도에서는 부족했지만 강의를 통해 학생들에게 가르침을 전하고자 했던 사명감과 열정은 굉장히 컸다. 강의를 너무 열심히 하다 보니 목이 쉬고 아파서 이비인후과에 간 적도 있다. 당시 강의를 마치고 해가 어두워질 무렵 잔잔한 가로등 불빛을 따라 학교의 경사진 길을 걸어내려올 때면 알 수 없는 충만감의 큰 희열과 보람을 느끼곤 했다. 필자의 업인 교육의 일들에 헌신하면서 느꼈던 기쁨이었다.

재작년에는 이 글과 관련된 강의를 겨울 계절학기에 개설하여 25명 정도의 학생을 가르쳤다. 무엇보다도 강의가 필자 자신의 관심 주제이다 보니 어느 때보다도 신나게 학생들을 가르쳤던 생각이 난다. 학생들과 함께 한 약 3주간의 시간이 즐거움의 연속이었고 기쁨으로 가득 찬 시간으로 기억난다. 이 같은 기쁨은 무언가 관심을 갖고 잘할 수 있는 일에 몰두하고 전념할 때 일어난다.

기쁨은 성취와 몰두만이 아니라 놀이와도 깊은 관계가 있다. 일전에 당시 세 살 된 아들과 함께 강원도 철원에 있는 펜션으로 휴가를 간 적이 있다. 다섯 살 난 펜션의 주인 아들이 자그마한 어린이 자동차를 잔디 위에서 몰면서 내 아들을 함께 태워줘서 아들은 20여 분 이상 운전을 하며 신나게 잔디밭을 돌아다녔다. 우리 아들은 웃음과 기쁨이 많은 아이지만 그렇게 기뻐하는 모습을 처음 봤다. 어린아이들이 타는 자그마한 자동차를 타면서 느끼는 기쁨은 그 아이가 가질 수 있는 최고의 것이었다.

놀이는, 특히 다른 사람들과 함께 하는 놀이는 큰 기쁨을 선사한다. 우리는 대부분 어린 시절 매우 다양한 놀이를 했던 기억을 갖고 있다. 나이를 먹고 학업과 직업과 일에 신경 쓰는 시간이 늘면서 놀이를 잊고 사는 것은 아닌지? 그와 함께 우리가 웃고 기뻐할 수 있는 능력도 점점 잃어가는 것인 아닌가 하는 생각이 든다. 나는 현재 어떠한 놀이 또는 취미생활을 하면서 기뻐하는가?

기쁨은 또한 종교적이고 영적이다. 공동체의 예배 가운데 울려 퍼지는 기쁨과 환희, 말씀 묵상과 침묵 기도에서 우러나오는 기쁨이 있다. 기독교에서 가장 큰 기쁨이 표현되는 것은 부활절이다. 부활의 아침은 기쁨과 환희의 시간이다. 부활절은 예수 그리스도가 사망을 극복하고 새로운 생명을 시작한 것을 경축하며 또한 우리가 그 영원한 생명의 시작에 참여할 수 있음을 기뻐하는 것이다. 뿌린 씨가 죽고 새로운 생명의 나무가 자라듯이 썩을 육체를 가진 인간이 죽음의 세력을 극복하고 새로운 생명의 능력을 입을 것임을 기뻐하는 것이다. 그 기쁨은 미래에 대한 희망을 또한 포함한다.

감사와 기쁨은 긍정의 에너지로서 인간이 행복하고 건강한 삶을 살아가게 할 뿐 아니라 큰 치유의 힘으로 작용한다. 감사와 기쁨이 치유의 힘으로 작용하는 가장 큰 이유는 그것이 주는 긍정적 에너지에 있다고 생각한다. 감사와 기쁨 같은 긍정 감정은 우리를 상처와 아픔을 받은 피해자로서가 아니라 상처와 아픔을 극복한 생존자로 변화시킨다. 영국 속담에 "감사는 미래를 살찌우는 덕목이다"라는 말이 있다. 감사와 기쁨은 과거의 일들을 더 긍정적으로 생각하도록 하고, 현재를 충만히 느끼게 하며, 미래를 희망적으로 바라보게 한다.

【긍정심리학에서 말하는 기쁨】

긍정심리학 창시자 중 한 명인 마틴 셀리그만(Martin Seligman)은 현재의 행복을 주는 긍정적 정서로 '쾌락'(pleasures)과 '만족'(gratifications)을 구분한다. 감각기관을 통해 느끼는 육체적 쾌락과 황홀, 열광, 전율, 위안을 갖는 정신적 쾌락은 순간적이며 강렬하지만, 습관화될 수 있고 중독될 수 있다. 반면 그가 말하는 긍정적인 정서로서 만족은 필자가 말하는 기쁨에 가까운 개념이다. 셀리그만은 만족은 "감정이라기보다는 우리가 좋아서 하는 활동, 가령 독서, 암벽 타기, 춤추기, 좋은 대화 나누기, 배구 브리지 게임 등을 의미"하기도 하는데, "우리를 완전히 심취하고 전념하게 하며, 자의식을 차단하고, 이미 경험한 모든 정서들을 차단"시킨다고 말한다.[3]

그는 쾌락의 활동과 추구는 순간적이며 소비적인 것인 반면, 만족을 통한 활동과 추구는 미래를 위한 투자로서 심리적 자산을 형성하는 것으로 심리적 성장이라고 말한다.

셀리그만이 말하는 만족과 거의 비슷한 개념이 긍정심리학 창시자 중 또 다른 한 명인 미하이 칙센트미하이(Mihaly Csikszentmihalyi)가 말하는 '몰입'(flow)이다. 칙센트미하이에 따르면 우리가 가장 행복을 느끼는 즐거움의 때는 우리에게 도전적인 활동에 집중하여 시간 가는 줄 모르고 몰입할 때라고 말한다.4 매우 흥미롭고 읽고 싶은 책이어서 밤새도록 시간 가는 줄 모르고 읽었더니 벌써 새벽이 되었던 경험처럼 우리가 명확한 목표를 위해 정신을 집중하여 어떤 도전적인 활동에 완전히 몰입을 할 때 가장 큰 정신적 만족을 얻을 수 있으며 그것은 쾌락과 같이 소비적이지 않고 건전한 정신적 성장 과정이라는 것이다. 칙센트미하이는 이러한 몰입을 암벽 등반·춤·바둑 등의 취미나 운동, 놀이·명상·독서·종교의식 등의 다양한 활동을 통해 얻을 수 있다고 말한다. 중요한 것은 그러한 활동이 과제로서 도전감을 줄 수 있어야 하며, 몰입을 통해서 집중하고 즐길 수 있어야 한다는 것이다.

희망이란 미래에 대한 긍정적인 기대와 가능성을 품고 살아가는 것을 말한다. 감사가 과거와 현재에 대한 것이고 기쁨이 현재와 연관 있다면, 희망은 미래에 대한 인식에 기반한 것이다. 현실의 상황과 조건이 아무리 어렵고 암울할지라도 미래를 향한 기대와 가능성이 있다면 인간은 현재의 상황을 이겨낼 수 있는 힘을 얻는다. 희망의 반대말은 절망이다. 미래에 대해 어떠한 희망도 찾을 수 없고 절망할 때 인간은 삶을 살아갈 힘을 잃는다. 미래에 대한 희망 가운데 사는 것과 미래에 대한 절망 가운데에 사는 것은 삶에 에너지를 제공하는 것과 그 에너지를 빼앗는 것과 같이 극명하게 차이가 있다.

나치의 유대인 강제수용소를 경험했던 빅터 프랑클은 수용소 수감 같은 큰 정신적 상처를 경험한 사람을 치료하려면 미래의 목표를 정해줌으로써 내면의 힘을 강화해주어야 한다고 말한다. "인간은 미래에 대한 기대가 있어야만 세상을 살아갈 수 있으며 인간의 존재가 가장 어려운 순간에 있을 때 그를 구원해주는 것은 미래에 대한 기대"라고 말한다.[5]

프랑클은 수용소에서 자신이 실제로 겪었던 이야기를 소개한

3 마틴 셀리그만,『긍정심리학: 진정한 행복 만들기』(서울: 물푸레, 2004), 403.
4 미하이 칙센트미하이, 이희재 옮김,『몰입의 즐거움』(서울: 해냄, 1999), 44-50.
5 빅터 프랑클,『죽음의 수용소에서』, 134-136.

다. 유럽에서 제2차 세계대전이 끝나기 바로 전인 1945년 2월에 전쟁 전 유명한 작곡가이자 작사가였던 F라는 사람이 프랑클에게 자신이 꾼 꿈에 관해서 고백했다. 그는 꿈에서 어떤 목소리가 자신의 소원을 말하면 그 질문에 대한 모든 대답을 들을 것이라는 이상한 꿈을 꾸었다. 꿈속에서 그는 자신이 가장 궁금해 하던 전쟁이 언제 끝날 것인지를 물어보았고 꿈속 목소리는 1945년 3월 30일에 전쟁이 끝날 것이라고 대답했다. F는 3월 30일에 해방된다는 꿈속의 목소리를 듣고 확신했으며 희망에 가득 차 있었다. 그러나 꿈의 약속과 달리 3월 30일이 가까워졌을 때 그들이 수용소에서 자유의 몸이 될 가능성은 별로 없어 보였다. 결국 F는 3월 29일 갑자기 아프기 시작해서 열이 높게 오르고 3월 30일 의식을 잃고 31일에 그만 사망했다. 사망의 직접 원인은 발진티푸스였는데 의사였던 프랑클은 F가 미래에 대한 기대와 믿음을 잃은 것이 그의 몸의 저항력을 떨어뜨렸고, 그것이 사망의 원인이 되었다고 생각했다. 미래에 대한 희망과 기대의 상실이 단순히 정신적인 면에서만이 아니라 몸의 면역력과 저항력마저도 앗아간 것이다.

오늘날 한국의 젊은이들은 치열한 경쟁 속에서 많은 좌절과 절망을 경험하고 있다. 취업은 어려워지고 청년실업자와 신용불량자는 늘어나면서 심지어는 부모세대보다도 경제적으로 더 어려운 세대가 될 것으로 이야기하기도 한다. 그러면서 오늘의 젊은 세대 스스로 'N포 세대'라고 부른다. 연애, 결혼, 출산의 3포(세 가지 것을 포기하는 것)에서 시작하여 인간관계와 내 집 마련은 물론 꿈과 희망의 포기까지 포함하는 7포에 이르기까지 많은 것을 포기해야 하기에 N포 세대라고 부르며, 그것을 많은 청년이 이미 내면화하고 있다.

오늘날 청년들이 직면하고 있는 현실적 상황의 어려움을 부정하지는 않는다. 그러나 경제적 곤란 때문에 꿈과 희망까지 포기하지는 않기를 바란다. 왜냐하면 꿈과 희망을 갖고 살아가는 것은 현재의 어려움을 이기고 미래를 성취하는 중요한 자원이 되기 때문이다. 한번 생각해보라. 고3 생활이 계속 이어진다고 생각했다면 과연 고등학교 시절 그 중압감을 이겨낼 수 있었겠는가? 남자들은 신병훈련소에 들어간 첫날부터 수많은 태양이 떠올라 언젠가 제대하는 날이 올 것이라는 기대가 없었다면 그 시간을 이겨낼 수 없었을 것이다. 미래에 대한 희망과 기대가 있었기에 그 어려운 시간을 힘겹지만 참아낼 수 있었던 것이다.

또 하나 미래에 대한 희망과 기대를 포기하지 말아야 하는 이유는 세상의 모든 일은 변하기 때문이다. 현재가 어렵고 힘들다고 미래도 똑같은 것은 아니다. 동양철학에서는 이러한 변화를 강조한다. 불교에서는 '모든 것은 같지 아니하고 끊임없이 변화하고 있기 때문에'(諸行無常), 변화하는 덧없는 것에 마음을 두게 되면 괴로움만 생긴다고 말한다.

　유교의 삼경(三經) 중 하나인 주역의 핵심사상은 변역(變易)에 있다. 변역이란 천지간의 현상과 인간 사회의 모든 일이 끊임없이 변화한다는 것이다. 인생을 살아보면 세상 모든 일이 끊임없이 변화한다는 것을 인정할 수밖에 없고, 그렇게 변화하는 것에서 희망과 인내와 겸손함을 발견할 수 있다. 현재의 어려움과 곤란이 계속되는 것은 아니다. 인생을 길게 보면 삶에는 좋을 때도 있고 힘든 때도 있는 것이다. 그래서 성서의 전도서에서도 "형통한 날에는 기뻐하고 곤고한 날에는 되돌아 보아라. 이 두 가지를 하나님이 병행하게 하사 사람이 그의 장래 일을 능히 헤아려 알지 못하게 하셨느니라"(전도서 7:14)라고 말한다. 현재 시대가 젊은이들에게 어려운 시대라는 것은 인정한다. 하지만 그것이 미래에도 지속되는 것은 아니며, 미래의 어느 때에는 좋은 시절이 올 것이라는 희망과 기대 또한 분명 가질 수 있다.

　마지막으로 긍정 감정과 관련하여 예술의 한 영역인 음악에 대해 말하고자 한다. 긍정적 감정으로 영혼을 치유하고 행복한 삶을 살아가는 데에 음악이나 미술 등의 예술 작품이 많은 도움을 줄 수 있다. 필자는 음악 또는 음악 치유에 관한 전문가도 아니고 뛰어난 감상 능력을 지닌 애호가도 아니다. 다만 치유와 관련되어 바흐의 음악을 좋아하고 자주 들으려 해왔다.

내가 처음 바흐 음악에 치유의 힘이 있다는 것을 된 것은 트라우마와 영성에 관한 논문을 통해서였다. 그 논문을 쓴 분은 트라우마 치료를 하는 전문적인 심리상담가였는데 그는 자신이 아는 한 실화를 자신의 논문에서 기술했다.

이야기의 주인공은 텍사스에 살았던 한 청년으로 그는 연인과 함께 오토바이를 타고 고속도로를 달렸다고 한다. 그런데 과속으로 달리다가 고속도로에서 사고가 나 청년은 구사일생으로 목숨을 건졌으나 연인은 그만 사망하고 말았다. 이러한 일을 겪은 사람은 대개 생존자 죄책감에 시달린다. 즉 자신의 과실로 인해 사랑하는 사람이 죽었다는 죄책감에 시달리게 된다. 그 청년도 집 밖으로 나오지 못할 정도로 고통스러워했다. 꼼짝 없이 집에 틀어박혀 지내던 청년은 그 기간에 음악을 들었다고 한다. 바흐의 음악. 그러기를 꼬박 석 달이 흐르고 청년은 집 밖으로 나와서 다시금 삶을 시작한다. 또한 그 사고를 계기로 그는 신앙에 헌신하여 지금은 텍사스의 큰 교회에서 목회를 인도한다고 한다.

필자는 이 논문을 읽고 난 뒤부터 바흐 음악에 관심을 갖게 되었다. 그리고 지난 10여 년 간 바흐 음악을 틈틈이 들어왔다. 바흐 음악 중에 잘 알려진 〈첼로 슈트 1번〉(Cello Suite No.1)이나 〈골든베르크 변주곡〉(Goldenberg Variation)은 듣는 사람에게 부드러운 선율의 움직임 속에서 내면의 평화와 정서적 안정감을 준다.

〈브란덴베르크 콘서트〉(Brandenburg Concertos)는 경쾌하면서
도 웅장한 선율로 기쁨과 환희를 준다.

바흐 음악이 가진 이러한 치유 효과에 대해서 최근에 다시 확
인할 기회가 있었다. 전 독일 수상이었던 헬무트 슈미트는『구십
평생 내가 배운 것들』이라는 저서에서 음악을 좋아했던 젊은 시
절의 이야기를 하며 그중 바흐 음악이 마음의 평화와 냉철함을
가져다주는 원천이었다고 고백하며 다음과 같이 말한다.

지금까지 살아오면서 바흐의 음악은 늘 내게 마음의 평화와
냉철함을 가져다주는 원천이었다. 언젠가 바흐는 음악이 정서
안정에 이바지한다고 말했다. 현대적으로 표현하면 영혼의 젊
음을 되찾아준다는 것이다. 이 문장이 바흐 음악에 대한 내 생
각을 대변한다.6

필자도 헬무트 슈미트의 말에 동의한다. 바흐의 음악을 듣는
것은 영혼의 젊음을 되찾아주는 것까지는 아닐지라도 정서 안정
에 기여하는 것은 분명하다고 생각한다.

---

6 헬무트 슈미트, 강명순 옮김,『구십 평생 내가 배운 것들』(서울: 바다출판사, 2016),
  110-111.

2. 사랑과 영성

긍정 감정과 영성의 주제를 다루는 이 장의 두 번째 부분에서는 사랑과 영성에 대해서 말하고 싶다. 사랑이란 주제는 인류의 역사에서 수많은 예술과 미의 주제가 되어왔으며 종교의 본질로 인식되어왔다. 오늘날 긍정심리학자들은 사랑도 심리학의 연구대상으로 삼아 사랑을 긍정적 정서와 정서적 경험으로 말하고 있다.

심리학과 정신의학에서 사랑에 관해 말하는 가장 대표적인 이론은 '애착관계'이다. 애착관계를 처음 언급한 영국의 정신의학자 존 볼비(John Bowlby)는 생물학적인 사실에 기초하여 '애착이론'을 발전시켰는데, 아기가 엄마에게 의지하고 달라붙는 근접성(proximity)의 욕구를 본능적이며 생존에 필수적인 것으로 여겼다. 아기가 놀랐을 때 엄마가 안아주고 일관성 있는 돌봄을 제공하는 것은 아이에게 보호와 안전감을 제공한다. 볼비는 이것을 돌보는 사람이 아이에게 안전의 피난처 기능(the haven of safety)과 안전의 토대(the secure base) 기능을 제공하는 것이라고 말한다. 아이는 성장하면서 부모의 곁을 조금씩 벗어나 탐험을 하다가도 다시금 안전의 피난처인 부모의 품으로 돌아오는 근접성의 형성과 유지에서 사랑의 친밀함과 안전감, 기쁨의 감정을 형성하는 것이라고 한다. 이러한 돌보는 사람과 돌봄을 받는 아이의 애착관계가 어린 시절 우리가 부모와의 관계에서 형성하는 사랑의 본질적인 측면이라는 것이다.

좋은 애착관계가 형성되려면 돌보는 사람은 아이에게 이용 가능하면서도 일관성 있게 잘 반응해주어야 한다. 그러면 아이는 정서적 안전감과 친밀감을 경험하게 된다. 그러나 돌보는 사람의 상실은 아이에게 불안과 슬픔의 감정을 만들어내게 되어, 엄마가 이용 가능하지 않거나 반응하지 않을 때 아이의 애착관계는 회피적으로 발전하기 쉽고, 그 반응이 일관성이 없을 때 아이는 불안하고 양면적인 애착관계를 형성하기 쉽다. 볼비의 이 이론은 어린아이의 엄마와의 이별과 재회 실험을 통해 검증되었다.

1980년대 이후 애착이론의 연구자들은 애착모델을 부모-자식 간의 사랑의 관계에서만이 아니라 성인 남녀 간의 사랑 관계에서도 반복되고 있다는 것을 발견한다. 부부나 연인 등의 커플 관계에서도 파트너는 서로에게 불안과 고통의 시기에 안전한 기반으로써 위로와 지지를 위한 애착인물 역할을 한다는 것이다. 그렇기 때문에 파트너 관계에서도 어린 시절 우리가 부모와의 관계에서 경험했던 안전한 애착관계와 회피적이고 양면적인 불안정한 애착관계를 보인다는 것이다. 볼비는 이 애착이 인간에게 타고나는 선천적인 것으로 여긴다. 애착이론의 시각에서 인간에게 사랑이란 근접성 안에서 경험하는 안전감과 친밀함과 지지 같은 것이다. 심리적인 측면에서 우리는 안전감과 친밀함과 지지를 느끼는 것을 사랑받는다고 느낀다.

우리가 사랑이란 말을 할 때 사랑이란 부모와 자식 간의 관계와 남녀 간의 에로틱한 사랑을 가리키기도 하지만, 사랑의 주요한 정의 중 하나는 종교적 사랑이다. 그리스어로는 아가페로 불리는 종교적 사랑은 기독교 신앙의 핵심이다. 아가페의 사랑이란 기독교에서는 예수 그리스도를 통해 나타난 하나님의 사랑을 말한다. 그 사랑은 자기희생적인 사랑이다. 성서에서는 "하나님의 사랑이 우리에게 이렇게 나타난 바 되었으니 하나님이 자기의 독생자를 세상에 보내심은 그로 말미암아 우리를 살리려 하심이라"(요한일서 4:9)고 말한다. 인류를 구원하기 위해 자신을 바치는 예수의 희생적 사랑이며, 모든 사람을 위해 자기 아들을 아끼지 않고 주시는 하나님의 넓은 사랑이다. 기독교의 진리는 하나님이 이와 같이 우리를 사랑하였은즉 우리도 하나님의 사랑을 통해 서로 사랑하는 삶을 살아가자는 것이다. 그런 점에서 기독교의 사랑은 섬김, 헌신, 희생, 긍휼의 덕목을 가진 것이다.

심리적 측면에서 인간과 인간의 관계에서 긍정 감정으로써 안전감과 친밀함과 지지를 받는 것을 넘어서, 타인을 섬기고 긍휼히 여기며, 헌신과 희생을 하는 것은 더 큰 사랑의 차원으로의 발전이다. 사랑은 받는 것보다 주는 것이 더 큰 차원이다. 우리가 개인과 개인의 관계에서 안전함과 친밀함과 지지를 제공하고, 가정과 공동체 속에서 남을 섬기고 자신의 것을 베풀며, 자비와 헌신을 실천할 때 우리가 가진 사랑의 힘은 좋은 인생의 열매를 맺을 것이다.

기독교적인 영적 삶의 목표는 범사에 감사하는 생활 안에서 기쁨과 희망을 갖고 사랑하는 삶을 살아가는 것이다. 기독교 영성은 하나님과의 관계 안에 있기 때문에 하나님에 대한 믿음 안에서 희망과 사랑하는 삶을 살아갈 것이다. 기독교에서는 많은 사람이 들어본 세 가지 덕으로 믿음, 소망, 사랑을 강조하고 그중의 제일은 사랑이라고 말한다(고린도전서 13:13). 이 세 가지 덕을 중심으로 범사에 감사하는 삶, 항상 기뻐하는 삶, 쉬지 않고 기도하는 삶(데살로니가전서 5:16-18)이 기독교적 영적 삶의 핵심이라고 할 수 있다. 이런 면에서 기독교의 영적 삶은 이 장에서 논의하는 감사와 기쁨과 희망의 정서적 측면과 깊은 관계가 있다.

기독교가 로마제국에서 공인되고 국교화되는 시기 하나님과의 깊은 관계를 위해 사막으로 들어갔던 기독교의 초기 사막 수도자들은 부정적 감정의 파괴적 힘을 잘 알고 부정적 격정에서 벗어나 긍정적 감정 안에서 살아가기 위해 노력했던 사람들이다. 수도자들은 감정 훈련을 통해 분노와 슬픔, 무기력 같은 부정적 감정을 긍정적이고 적극적 감정으로 변화시키려고 노력했다. 분노는 때로는 살인보다도 더 위험한 것이 될 수도 있기에 사막의 수도자들은 의로운 분노를 제외하고는 화를 내지 않고 침묵을 통하여 감정을 가라앉히려고 하였다. 우리의 삶에는 수많은 슬픔의 순간이 있다. 수도자들은 그러한 슬픔을 많이 겪었던 사람들이었다. 그렇기에 그들은 고통과 자기연민으로 인해 슬퍼하는 것을 경계했다. 마음의 욕구를 잃고 아무것도 하고 싶어 하지 않는 상태가 무기력이라고 할 수 있다. 수도자들은 자기 방에 머무르며 자기가 하는 일에 의미와 열정을 찾으려고 하였다. 이러한 수도자들이 궁극적으로 도달하고자 한 마음 상태는 격정(passions)이 없는 무정념 상태(apatheia)이다. 상대방의 감정에 맞대응하거나 전이되어 강한 감정에 휩싸이지 않고 하나님이 인간에게 주신 자연적인 감정을 자연 그대로 유지하고자 하였다. 마치 바위처럼 칭찬이나 비난, 욕을 들어도 전혀 감정 변화가 없는 상태를 유지하고자 했다.7 사막의 수도자들이 목표했던 것과 같은 감정에 미동이 없는 상태에 도달하는 것은 매우 어려운 일이다. 그러나 부정적 감정의 힘을 잘 알고 긍정적 감정으로 살아가려고 노력하는 것은 우리에게 필요하고 중요하다고 생각한다.

16세기 기독교 영성가인 십자가의 요한(John of the Cross)은

---

7 방성규,『모래와 함께 살던 사람들의 이야기』(서울: 이레서원, 2002), 141-172.

격정으로부터 자유로워지는 것이 얼마나 중요한지 잘 아는 사람이었다. 그는 『가르멜의 산길』이라는 저서에서 의지에 의해 지배받는 네 가지 강한 정서를 강조하는데 그것은 기쁨과 희망, 슬픔과 두려움이다. 여기서 요한이 말하는 기쁨은 주로 세속적인 쾌락과 관련된다. 이러한 감정이 잘 조절되지 못하면 인격은 모든 악과 불완전함의 원천이 되며, 반면 감정이 제자리를 찾고 고요해지면 모든 덕을 만들어낸다고 요한은 말한다(『가르멜의 산길』, 3.16.5). 십자가의 요한은 이러한 감정들 중 하나가 조절되지 않으면 영혼 전체가 조절되지 못하고 영혼의 능력들이 감정의 포로가 되어 살게 된다고 말한다(『가르멜의 산길』, 3.16.6). 이처럼 기독교 영성 전통은 인간 영혼의 인격이 강한 감정에서 자유로워지는 것의 중요성을 언급한다.

【오이디푸스 신화를 통해 본 자기의 정서와 마음의 중요함】

이미 2장에서 언급했던 오이디푸스 신화 이야기를 다시 꺼내본다. 오이디푸스가 그러한 비극적 운명을 살게 된 이유는 무엇이었을까? 그리스 신화는 그것을 운명의 힘이라는 측면에서 이야기한다. 아버지 라이오스 왕의 폭력에 대한 저주를 통한 신탁에 의해 만들어진, 인간이 통제하기 어려운 운명의 힘에 의해 오이디푸스가 그러한 비극을 겪었다고 말한다. 그러나 인간의 이해를 넘어선 운명의 시각이 아니라, 오이디푸스 자신의 문제로 보았을 때는 어떨까? 오이디푸스의 마음과 성격에는 분명히 문제가 있었다. 여기서는 심리적 측면에서 오이디푸스 신화를 이해해보다.

자신을 입양해서 키워주었던 코린트의 폴리보스 왕이 자신의 아버지가 아닌 것을 알게 된 오이디푸스는 자신의 근원을 찾기 위해 델포이의 아폴론 신전을 찾아간다. 델포이 신전에서 여사제 피타아로부터 "뼈를 준 아비를 죽이고 살을 준 어미로 짝을 삼는다"는 신탁을 들은 오이디푸스는 두려움의 감정을 갖게 된다.

신전 밖으로 쫓겨난 오이디푸스는 테베를 괴롭히던 스핑크스의 재앙을 이겨내는 법을 물어보기 위해 델포이 신전으로 오던 아버지 라이오스 왕의 마차를 험산의 좁은 길에서 마주한다. 라이오스 왕의 마차를 호위하던 병사가 오이디푸스에게 길을 비켜줄 것을 요구했으나 오이디푸스도 지지 않고 응수한다. 그 마차가 델포이 신전으로 향한다는 말과 라이오스 왕의 마차에서 채찍이 날아오자 분노하게 된 오이디푸스는 마차에 탄 왕과 호위병사 두 명을 쳐서 죽인다. 오이디푸스의 이 성급함과 분노에서 온 폭력성과 공격성은 그를 패륜적 범죄로 몰아가고 그의 고통의 근원이 된다.

오이디푸스 신화에는 그의 두려움과 분노, 성급한 성격이 잘 드러난다. 결국 자신의 부정적 감정을 잘 다스리지 못한 것이 그의 비극적 운명의 주요 원인이 되었다고 해석해볼 수도 있을 것이다.

제3부

지혜와 공동체

제9장

지혜로운 삶

이번 장의 주제는 지혜로운 삶에 관한 것이다. 치유를 통한 성장과 발전을 위해서는 삶을 슬기롭게 살아가는 지혜가 필요하다. 우리는 학교에서 어린 시절부터 많은 지식을 배운다. 고등학교를 졸업하고 대학을 들어오는 시기에 이른 20세의 청년들의 머릿속에는 수많은 지식이 넘쳐난다. 그러나 이 많은 지식에도 불구하고 인생을 어떻게 살아가야 하느냐에 대한 질문에는 우리가 배운 지식만으로는 해결하는 것이 어렵다. 지식만이 아니라 인생의 지혜가 요구된다.

대학 교육을 받아보신 분들은 잘 알겠지만 '큰 배움'이라는 뜻의 '대학'(大學)에서도 지식과 기술 교육에 치우쳐 있을 뿐 인생의 지혜를 함양하는 수업은 드물다. 삶의 지혜에 대한 교육은 가정에서 부모님이나 다른 어른들을 통해서 배우거나 간접적으로 독서를 통해서 배울 수 있다. 하지만 실제로 많은 부분은 우리 스스로 경험을 통해 시행착오를 거치면서 배운다. 그래서 많은 사람이 청년기에 시행착오 속에서 혼란을 겪고 때로는 지혜롭지 못하게 살아간 부분에 대해 후회하기도 한다.

필자는 30대 초반 무렵 지혜로운 삶에 대해 진지하게 고민했다. 당시에 유학했던 학교는 미국 뉴저지 주의 숲이 울창한 곳에 캠퍼스가 있었다. 강의실이나 도서관을 가기 위해서는 매일 숲을 지나야 했는데 울울창창한 산책로를 걸으며 나의 20대가 되돌아보였다. 돌아보니 지혜롭지 못했고 허비한 시간도 많았다. 후회가 가슴을 쳤다. 그러면서 지혜롭게 살아간다는 것이 무엇인지를 깊게 성찰하게 되었다.

청년기는 자기 인생의 많은 길을 선택해야 하는 시기이다. 인생의 그 어느 때보다 많은 지혜가 요구되지만, 역설적으로 경험을 통한 삶의 지혜는 부족하다. 이 장에서는 인생 전반만이 아니라 특히 청년기의 삶과 관련된 지혜와 지혜로운 삶에 대해 다루고자 한다.

이 장은 크게 두 부분으로 나뉘었다. 앞부분에서는 지혜와 지혜로운 삶이란 무엇인지 종교적 전통과 세속적 시각에서 조망하여 잠언에 나오는 젊은이들을 위한 삶의 지혜를 중심으로 연구하여 소개하겠다. 앞부분이 좀 더 큰 시각에서 지혜로운 삶에 관해 소개한다면 두 번째 부분에서는 청년기 인생 과제를 통한 지혜로운 삶, 구체적으로 청년기의 삶의 과업이라고 할 수 있는 '정체성 탐구', '사랑과 결혼', '직업적 정체성 찾기'의 청년기 인생 과제를 중심으로 청년들의 지혜로운 삶의 과정에 대해 살펴보겠다.

1. 잠언의 지혜

잠언은 성서의 한 권이지만 특별히 기독교 신앙을 갖지 않은 사람들도 많이 읽는 책이다. 그것은 잠언이 갖는 세속적 지혜의 성격에 기인한다. 잠언은 이스라엘의 지혜 전통에 속한다. 오랫동안 지혜 교사들이 축적한 전승으로 그것은 하나님과의 관계에 대해 서술하는 신학적 지혜를 말하지만, 세상을 살아가는 지혜 또한 많이 포함돼 있다.

잠언의 지혜는 하나님의 창조질서와 깊이 연관된다. 잠언을 만들고 기록한 이스라엘의 지혜 교사들은 우주 안에는 근본적인 질서로 하나님의 창조질서가 있다고 생각한다. 잠언 3장 19-20절에서는 "하나님께서는 지혜로 땅에 터를 놓으셨으며 명철로 하늘을 견고히 세우셨고 그의 지식으로 깊은 바다를 갈라지게 하셨

으며 공중에서 이슬이 내리게 하셨느니라"라고 말하며, 이 우주
에는 하나님이 지혜로 만드신 질서가 있다고 언급한다. 지혜 교
사들은 이러한 질서를 하나님이 만드신 창조세계와 인간 삶에 대
한 깊은 탐구와 성찰을 통해 발견할 수 있다고 여겼다.

잠언에서 인간 삶에 나타나는 이러한 창조질서는 근면, 절제,
좋은 인간관계, 마음의 경영 등 다양한 주제로 다루어진다. 지혜
교사들은 이러한 질서와 조화롭게 살아가는 것을 지혜로운 삶으
로 여긴 반면, 이러한 질서에 거역하는 삶을 어리석고 재난을 초
래하는 것으로 보았다.

잠언은 이러한 창조질서에 따른 지혜로운 삶을 직접 서술하고
설명하는 형식보다는 수백 개에 이르는 짧은 금언 형식으로 질서
에 따라 살아가는 지혜로운 삶에 대해 기술한다. 잠언의 중심 주
제에 따라 구체적으로 이러한 금언들을 살펴보자.

근면과 게으름

손을 게으르게 놀리는 자는 가난하게 되고 손이 부지런한 자
는 부하게 되느니라(잠언 10:4).

네가 좀 더 자자, 좀 더 졸자, 손을 모으고 좀 더 누워 있자 하니

네 빈궁이 강도같이 오며 네 곤핍이 군사같이 이르리라(잠언 24:33-34).

술 취하고 음식을 탐하는 자는 가난하여질 것이요 잠자기를 즐겨 하는 자는 해어진 옷을 입을 것임이니라(잠언 23:21).

근면을 강조하는 금언들은 부지런함이 창조질서 중 하나로서 근면한 삶은 부를 가져오지만 게으르고 탐욕적인 삶은 가난을 초래하게 될 것이라고 말한다.

절제

연락을 좋아하는 자는 가난하게 되고 술과 기름을 좋아하는 자는 부하게 되지 못하니라(잠언 21:17).

포도주는 거만하게 하는 것이요 독주는 떠들게 하는 것이라 이에 미혹되는 자마다 지혜가 없느니라(잠언 20:1).

네 마음이 음녀의 길로 치우치지 말며 그 길에 미혹되지 말지어다 대저 그가 많은 사람을 상하여 엎드러지게 하였나니 그에게 죽은 자가 허다하니라(잠언 7:25-26).

잠언은 절제를 인간 삶의 질서로 강조하는데 먹는 것의 절제, 특히 그중에서도 음주의 절제를 강조한다. 술에 취하고 빠지는 것은 사람을 가난하게 만들고 재난과 분쟁과 근심을 가져올 것이라고 경고한다. 잠언의 앞부분은 아버지가 아들에게 해주는 교훈의 형식을 띠는데 아버지는 젊은 아들에게 성적 유혹과 간음에 주의할 것을 경고한다. 그러한 유혹에 빠지는 것은 마치 소가 도살장에 끌려가는 것 같이 어리석은 것이 될 것임을 훈계한다.

신중한 언사

말이 많으면 허물을 면하기 어려우나 그 입술을 제어하는 자는 지혜가 있느니라(잠언 10:19).

미련한 자는 교만하여 입으로 매를 자청하고 지혜로운 자의 입술은 자기를 보전하느니라(잠언 14:3).

미련한 자의 입술은 다툼을 일으키고 그의 입은 매를 자청하느니라(잠언 18:6).

두루 다니며 한담하는 자는 남의 비밀을 누설하나니 입술을
벌린 자를 사귀지 말지니라(잠언 20:19).

잠언은 많은 부분에서 혀를 조심히 놀리고 신중하게 말할 것
을 가르친다. 우리 인생에서 부적절한 많은 말로 인해 생기는 과
실을 주의시키며 남에 관해 말하는 것을 좋아하는 사람을 사귀는
위험에 대해서도 조언한다.

분별

타인을 위하여 보증이 되는 자는 손해를 당하여도 보증이 되
기를 싫어하는 자는 평안하니라(잠언 11:15).

공의를 굳게 지키는 자는 생명에 이르고 악을 따르는 자는 사
망에 이르느니라(잠언 11:19).

잠언은 세속적 삶과 윤리적 삶에서 바른 분별을 하고 살 것을
가르친다. 보증과 같은 일은 삶에 큰 위기를 가져올 수 있기에 보
증 서는 것을 삼갈 것을 조언하며, 죄악을 따르는 삶은 어리석고
사망에 이르는 것이며 공의와 바른 삶을 살아갈 것을 가르친다.

마음 다스림

모든 지킬 만한 것 중에 더욱 네 마음을 지키라 생명의 근원이
이에서 남이니라(잠언 4:23).

노하기를 더디 하는 자는 용사보다 낫고 자기의 마음을 다스
리는 자는 성을 빼앗는 자보다 나으니라(잠언 16:32).

어리석은 자는 자기의 노를 다 드러내어도 지혜로운 자는 그
것을 억제하느니라(잠언 29:11).

마음의 즐거움은 양약이라도 심령의 근심은 뼈를 마르게 하느
니라(잠언 17:22).

사람의 심령은 그의 병을 능히 이기려니와 심령이 상하면 그
것을 누가 일으키겠느냐(잠언 18:14).

잠언은 사람이 자신의 마음을 다스리고 잘 지키는 것이 모든
생명의 근원임을 일깨워준다. 특히 분노와 조급함 같은 부정적인
정서를 잘 다스리는 것의 중요성에 대해 말하며 감정의 조절과

마음 다스림의 중요성을 강조한다. 마음을 다스리는 데에는 분노와 조급함 같은 감정과 충동의 조절만이 아니라, 어려운 일이 닥쳤을 때 근심과 불안을 이겨내는 것도 중요하다. 잠언은 마음의 걱정과 근심을 줄이고 정신력을 강화하는 것의 중요함을 일깨워준다.

잠언이 가르치는 지혜와 지혜로운 인생이란 이러한 하나님의 창조질서에 순응하는 삶을 살아가는 것이다. 즉, 사람이 지혜롭게 살아가기 위해서는 자신의 인생에서 게으르지 않고 손과 발을 부지런히 놀리며 근면하게 살아야 하고, 입과 혀를 놀리는 것을 신중하고 적절하게 할 수 있어야 하며, 먹는 것과 술 취함과 성적인 욕망을 적절히 절제할 수 있어 그것이 삶의 위협이 되어서는 안 되고, 세상을 살아가며 판단을 할 때 분별을 할 수 있으며, 특별히 자신의 마음과 감정을 잘 다스리며 살아가야 함을 가르친다. 그러할 때 그 삶은 좋은 결과를 가져온다.

반면, 게으름과 나태함, 남에 대한 험담과 한담, 술 취함과 간음 같은 욕망을 절제하지 못함과 잘못된 인간관계와 자신의 마음을 다스리지 못하는 것은 어리석은 삶이라고 경계한다. 결국 창조질서에 따른 삶의 원리에 적응할 수 있는 능력과 준비 여부가 지혜로운 삶을 살아가는 데에 관건이 된다고 할 수 있다. 지혜로운 사람은 그러한 삶의 원리에 따라 살아가는 훈련과 준비가 된

반면, 어리석은 사람은 그러한 훈련과 준비가 되어 있지 못한 것이다.

잠언이 제시하는 지혜로운 삶의 원리는 당연한 것 같이 들린다. 그러나 그러한 삶의 원리에 따라 살아가는 것은 개인에 따라 많은 차이가 있고 개인의 차원에서도 잘하고 있는 것도 있으며 그렇지 못한 부분도 있을 것이다. 잠언의 지혜로운 삶의 질서에 관한 조언은 현대인들의 인생에 대한 과학적 연구와도 거의 일치하는 면을 보여준다.

미국 하버드 대학 성인발달연구소의 소장으로 오랫동안 성인발달 연구를 해온 조지 베일런트(George Vaillant) 박사는 700명이 넘는 연구대상자의 청소년기 또는 청년기 이후의 삶을 그들의 노년과 죽음에 이르기까지 세밀하게 관찰했다. 이를 통해 그는 50세 이후 인간의 노화 과정에서 건강과 행복한 삶에 가장 중요한 영향을 미치는 요소로 일곱 가지를 제시한다: '금연', '알코올중독의 경험 없음', '적절한 체중 유지', '규칙적인 운동', '교육년수', '안정적인 결혼생활', '성숙한 방어기제'. 이 중 금연, 적절한 음주, 체중 유지, 운동은 생활습관과 자기관리와 관계된다. 베일런트 박사가 이 일곱 가지 요소로 강조하는 것은 습관을 통해 형성되는 자기관리와 원만한 사회적 관계와 성숙한 마음을 갖고 살아가는 것이다.

현대의 연구에서와 유사하게 잠언은 이 세상을 지혜롭게 살아가는 삶의 질서와 원리가 있다고 말하며 그러한 질서와 원리에 따라 적용되고 훈련된 삶을 살아가는 것이 지혜로운 삶임을 강조한다. 베일런트 박사는 50세 이후 중년과 노년의 건강과 행복은 정해진 운명이나 행운에 따른 결과가 아니라 체중 조절, 규칙적인 운동, 금연, 적절한 음주 같은 인간의 노력과 사회관계의 개선, 부적절한 방어기제를 성숙한 방어기제로 변화시키는 마음의 노력을 통해 결정된다고 말한다. 이렇듯이 잠언의 지혜도 인간의 책임을 강조하며, 인간의 선택이 자신에게 행복과 불행을 가져온다고 가르친다.

잠언의 지혜를 살펴보며 청년들에게 하고 싶은 조언은 먼저 마음 다스림을 통해 인격적 성숙을 위해 힘쓰라는 것이다. 인격의 구조는 크게 생각과 사고, 감정과 정서, 의지의 영역으로 구분할 수 있다. 심리학에서는 이를 인지(cognition), 정서(emotion), 동기(motivation)라고 부른다. 우리가 흔히 지(知), 정(情), 의(意)라고 부르는 것이다. 인격 성숙을 위해서는 생각과 사고를 통해 무엇이 옳고 그른지에 대한 인지적 각성이 있어야 하고, 정서적인 면에서는 마음의 고요가 중요하며, 하고자 하는 동기와 의지를 강화할 수 있어야 한다. 정서적인 면에서 너무 성급하거나 분노하지 않도록 자신의 마음을 잘 다스리고, 생각과 의지를 통해 자신의 욕망을 잘 절제하고 분별하여 행동하는 것이 필요하다.

청년기는 신체적 에너지가 넘치는 시기이기 때문에 자신의 욕망을 무절제하게 사용하기 쉽다. 성에 대한 욕망, 술과 같은 탐닉하고 싶은 것들에 대한 욕망, 돈과 성공에 대한 욕망 등 인간을 유혹하는 것에 대한 절제와 분별이 필요하다. 욕망을 절제하지 못하면 시간이 지난 뒤에 후회뿐 아니라 자신과 타인의 삶에 부정적인 영향을 주게 될 일이 벌어질 가능성이 크다. 절제와 함께 어떤 일을 결정하는 데에 있어 잘 분별하고 실행할 수 있어야 한다.

인간은 깊은 성찰과 사고를 할 수 있는 존재이다. 우리의 삶에는 여러 갈래의 길이 나 있다. 어떤 선택이 최선의 결정이 될 수 있는지 깊이 그리고 더 넓게 생각해보고 결정하는 분별력이 필요하다. "높이 나는 새가 더 멀리 본다", 또는 "나무만 보지 말고 숲을 보아야 한다" 같은 격언들을 들어보았을 것이다. 우리의 생각과 판단에 꼭 필요한 조언이라고 생각한다.

잠언의 지혜를 통해 청년들에게 해주고 싶은 두 번째 조언은 좋은 삶의 습관을 만들라는 것이다. 습관은 어린 시절부터 형성되기에 모진 결단을 통한 노력이 없으면 쉽게 바뀌지 않는다. 정신분석학에서는 훈습(薰習)이라는 말을 사용한다. 훈습이란 통찰 이후의 반복적인 변화를 의미하는데, 돼지고기를 훈제할 때

연기가 고기 속에 스며들며 맛을 내는 것 같이 습관이 변화하는 것을 뜻한다. 자신의 삶을 부지런하게 규칙적으로 사는 습관과 말을 하는 데에 주의하며 신중하게 하는 습관은 청년 시절에 길들여야 할 좋은 습관이라고 생각한다.

청년들에게 잘 알려진 일본의 소설가인 무라카미 하루키는 새벽 4시면 일어나 대여섯 시간 글을 쓰고 수영을 한다고 한다. 이러한 습관은 그가 창조적인 소설가로 살아가는 데에 긍정적인 습관이다. 영적 전통에서도 영성 훈련으로 '삶의 규칙 만들기'(making a rule of life)라는 것이 있다. 이것은 수도원 전통에서 삶의 일과를 규칙을 만들어 하는 것과 같이 자신의 삶의 중요한 일과를 정해진 시간에 할 수 있도록 규칙을 만들어 실천하는 것이다.

이러한 규칙을 만들어 실천하는 것으로 영성학자이며 수도자인 안셀름 그륀은 아침의 기도 시간을 권유한다. 기도를 하며 감사한 마음과 깨어 있는 의식으로 하루를 시작할 것을 권면한다. 그가 마음의 평안과 휴식을 위해 규칙적으로 하고 있는 것으로 소개하는 것은 낮 기도와 점심식사를 마친 뒤에 오전에 하던 일을 그대로 놔두고 편안하게 낮잠을 한숨 푹 자는 것이다. 신앙을 가진 사람이기에 그는 낮잠을 하나님의 팔에 자신을 완전히 맡겨드리는 시간이라고 생각한다. 그는 낮잠을 규칙적으로 자는 것은 좋은 결과를 낳는 습관 중 하나인데 반 시간이 안 되는 짧은 시간

이지만 원기를 회복해주고 오후의 일들을 잘 수행할 수 있도록 돕는다고 말한다.[1]

【성숙한 마음을 위한 자아방어기제】

자아방어기제란 프로이트의 정신분석이론에서 나온 것으로 프로이트는 임상을 통해 인간이 수많은 방어기제를 사용하고 있음을 알아냈다. 프로이트의 딸인 안나 프로이트(Anna Freud)는 『자아와 방어기제』(1937)라는 저서를 통해 프로이트의 방어기제 이론을 더욱 발전시켰다.

자아방어기제는 자아가 스스로를 지키고 현실에 대처하는 무의식의 심리적 전략들로서, 방어기제의 목적은 자아가 불안을 극복하고 사회적 제한과 위기로부터 스스로를 보호하고 현재 대처할 수 없는 상황으로부터 피난처를 마련하는 것에 있다.

프로이트는 자아가 느끼는 세 가지 불안으로써 현실의 위험요소를 제거해야만 해소될 수 있는 외부의 실재적 위협에 대한

---

[1] 안셀름 그륀, 『다시 찾은 마음의 평안』, 221-222

불안인 '현실 불안'(reality anxiety)과 자아가 이드의 세력을 조절하지 못해 강렬한 욕망과 감정을 통제할 수 없는 것에 대한 불안인 '신경증적 불안'(neurotic anxiety), 자아가 초자아와의 갈등으로 인해 도덕적 규범을 위배하는 것과 권위에 대해 두려워하는 '도덕적 불안'(moral anxiety)의 세 가지를 제시했다. 자아방어기제의 기능은 자아가 경험하는 이러한 불안으로부터 피난처를 마련하고 불안을 경감시키는 것이다.

건강한 사람들은 일생에 걸쳐 다양한 자아방어기제를 사용한다. 방어기제는 어린 시절부터 현재에 이르기까지 오랫동안 천천히 형성되어왔기 때문에 시간이 지나면서 내부와 외부의 위협으로부터 방어하는 성격의 막이 된다. 그래서 방어기제를 가리켜 '성격 갑옷'(character armor)이라고 부른다. 두 번째 장에서 다루었던 핵심감정과 함께 방어기제의 특성이 우리의 인격과 성격의 중요한 특성을 나타내게 된다.

우리는 어린 시절 이후로 오랜 기간을 통해 자아를 보호하고 내외부의 위협으로부터 방어하기 위해 성격 갑옷 같은 방어기제를 형성해왔다. 이 방어기제는 심각한 경우에는 병리적이기도 하고 미성숙하거나 신경증적인 경우도 많다. 이러한 미성숙하거나 신경증적인 방어기제를 줄이고 성숙한 방어기제를 형성해나가는 것은 성격의 성숙과 직접적으로 연관된다.

다음은 인격의 성숙과 관련한 성숙한(mature) 방어기제이다. 이 같은 성숙한 방어기제를 어려움과 시련에 대처하는 삶의 태도 또는 마음의 대처라고 할 수 있다.

- 이타주의(Altruism): 즐거움과 개인적 만족을 가져오는 다른 사람들에 대한 건설적인 봉사.
- 예기(Anticipation): 미래에 불편하게 하는 것에 대한 현실적인 계획을 세우는 것.
- 유머(Humor): 다른 사람들에게 즐거움을 주는 생각들과 감정들의 진솔한 표현. 개인이 불편해지지 않으면서 다른 사람들에게 불쾌한 영향을 주지 않는다.
- 동일시(Identification): 다른 사람의 인성과 행위에 대한 자기의 무의식적인 모델링.
- 내사(Introjection): 어떤 생각이나 사물을 깊이 동일시하여 그 사람의 일부로 만드는 것.
- 승화(Sublimation): 부정적 감정 또는 본능의 긍정적인 행동과 행위감정으로의 변화. 공격성을 스포츠나 취미를 통해 표현하는 것과 예술적 표현들을 포함한다.

2. 청년기 인생 과제를 통과하는 삶의 지혜

우리 속담에 "모든 것에 때가 있다"는 말이 있다. 즉 인생의 중요한 일들의 성취가 적절한 시기가 있다는 말이며 그때를 놓치면 그것을 성취하는 것이 어렵다는 말이기도 하다. 성서의 전도서를 보면 "천하에 범사가 기한이 있고 모든 목적이 이룰 때가 있나니 날 때가 있고 죽을 때가 있으며 심을 때가 있고 심은 것을 뽑을 때가 있으며"(전도서 3:1-2)라는 말이 나온다. 삶의 많은 일이 정해진 기한이 있으며 그것이 이루어지는 때가 있다는 말이다.

우리가 살아가는 인생의 각 시기에는 성취해야 할 삶의 과제들(life tasks)이 있으며, 그 과업들을 이루는 것은 인생을 진정 슬기롭게 살아가는 것이라고 할 수 있다. 인생을 시작과 끝이 있는 하나의 과정으로 볼 때 인생의 각 시기에는 성취해야 할 삶의 발달과제가 있다.

이러한 삶의 발달시기에 따르는 인생과제를 제시한 대표적인 심리학자는 에릭 에릭슨(Erik Erikson, 1902~1994)이다. 정신분석가인 에릭슨의 인간발달 이론은 프로이트의 영향을 받은 것이다. 하지만 프로이트가 성인의 발달 시기를 제외한 영아기부터 사춘기까지의 시기를 다룬다면(구강기-항문기-남근기-잠복기-사춘기), 에릭슨은 영아기부터 노년기까지 인생 전체를 다룬다. 에릭

슨의 발달이론을 심리사회적(psychosocial) 이론이라고 부르는
데 이는 프로이트가 심리성적인(psychosexual) 측면에서 생물학
적인 것을 강조한 반면, 에릭슨은 인간의 발달과 성장에서 심리
사회적 환경을 중요시했기 때문이다. 에릭슨의 발달이론은 인생
의 여덟 시기의 단계에 따른 생의 발달과제를 제시한다. 다음은
에릭슨이 제시하는 인생의 여덟 단계의 발달과제들과 그것을 성
취하지 못할 때 생기는 부정적인 양극적 측면이다.[2]

- 구강기(영아기): 신뢰(trust) 대(對) 불신(mistrust)
- 항문기(유아기): 자율성(autonomy) 대 수치심(shame) 또는 의
  심(doubt)
- 남근기(3~5세): 주도성(initiative) 대 죄책감(guilt)
- 학동기(6~12세): 근면성(industry) 대 열등감(inferiority)
- 청소년기(13~18세): 정체성(identity) 대 정체성(역할) 혼란
  (role confusion)
- 청년기(성인초기): 친밀감(intimacy) 대 고립감(isolation)
- 중년기(성인중기): 생산성(generativity) 대 침체성(stagnation)
- 노년기(성인후기): 자아통합(ego integrity) 대 절망(despair)

---

[2] Erik Erikson, *Childhood and Society* Second Edition (New York: Norton,
1963), 247-261.

이 중에서 청년기 발달과 관련하여 직접적으로 관계되는 시기와 발달의 과제는 청소년기의 정체성 확립과 성인 초기의 친밀감의 확립이라고 할 수 있다. 정체성 확립 시기를 단순히 청소년기 초기인 10대 후반으로 한정할 수 없다. 오히려 우리나라의 경우는 10대 후반이 대학 입시를 위한 수험시기가 되어 정체성 확립을 위한 활동이 연기되기에 청소년기를 20대 중반까지로 연장하여 보는 것이 옳다.

이 두 가지 발달과제와 더불어 청년기에 중요한 인생 과제로 에릭슨 이론을 더 심화해 연구한 하버드 대학교의 성인발달연구소 소장 조지 베일런트는 사회정 정체성의 확립인 '직업적 안정'을 제시한다. 실제 청년들이 삶의 과정에 비추어볼 때 직업 찾기와 직업적 성취는 매우 중요한 삶의 과제이다. 그래서 이 장에서는 지혜로운 삶을 위한 청년들의 인생 과제로 자기 정체성 확립과 친밀감 그리고 직업적 안정의 세 가지 주제를 제시한다.

1) 정체성 탐구와 확립

청소년기와 청년기는 정체성을 탐구하며 확립해가는 시기이다. 다른 말로 하면 "나는 누구인가?" 그리고 "나는 이 사회, 이 세계에서 어떻게 살아갈 것인가"에 대한 자기 탐색과 응전의 시기라고 할 수 있다. 청소년기는 이전의 초등학생 시기와는 달리 2차

성징과 더불어 신체적 변화가 급격히 일어나서 신체적으로는 성인을 닮은 모습으로 변화되는 시기이다. 신체적 변화와 함께 심리적으로 자의식이 발달하고 가정에서도 이전과는 달리 의존적 관계가 아닌 독립적인 성향이 강해진다.

이러한 변화는 대학에 들어가는 20대 초의 성인 초기가 되면 더 급격히 진전되어 신체적으로는 성인의 모습을 갖게 되고 의사결정에서도 부모로부터 독립하기를 원하며, 자신의 꿈과 인생을 새롭게 설계하면서 많은 고민에 빠지게 된다. 특히 대학 1~2학년 때 청년들이 이러한 고민을 많이 한다. 이 시기에 "나는 누구인가?", "앞으로 어떤 사람이 되기를 원하는가?", "이 세상에서 어떻게, 무엇을 하며 살아갈 것인가?" 하는 질문들을 스스로에게 던지고 고민하며 탐색해나간다.

에릭슨은 청소년기와 청년기의 정체성 확립을 위한 이 시기의 갈등을 자아정체성 위기(ego identity crisis)라고 불렀다. 그는 이러한 정신적인 갈등과 고통이 자아와 세계 사이의 힘겨운 싸움이 일어나는 것이라고 말한다. 에릭슨이 주장하는 이러한 정체성 위기와 정체성 확립이라는 말은 새롭게 들릴 수 있지만, 이 시기에 갈등과 고민과 정신적 투쟁으로 인해 위기가 일어난다는 것은 누구나 쉽게 이해할 수 있다.

정체성 위기의 시기는 어린 소년과 소녀가 이전의 어린 시절을 벗어나서 성인이 되는 때이다. 세계의 거의 모든 문화에서 성인식과 그에 따르는 의례를 통해 성인이 되는 것을 기념해주는 것에서 알 수 있듯이, 성인이 되는 것은 갈등과 고통을 겪는 힘겨운 싸움의 과정이다. 즉 독립된 성인으로서 부모에 의지하지 않고 독립된 생각과 의지를 갖고 자신의 삶을 영위하고 사랑과 결혼을 통해 독립된 가정을 이루어가는 전환이행기로써 그에 따른 어려움이 따르는 시기인 것이다. 그래서 이 시기에 정체성의 위기를 통해 갈등과 고통을 겪는다고 할 수 있다.

오늘날 이 시기의 청년들에게는 먹고 사는 문제와 같은 직접적인 생존과제는 유예되고 대신 자신의 생활양식을 탐색하는 시간이 허용된다. 이러한 탐색을 통해 청소년기와 청년기에 자신이 누구인지, 어떠한 삶의 목표와 방향을 가질지, 어떠한 곳에 소속되어 사회에서 어떤 역할을 할 수 있는지에 대한 생각을 형성하게 되면 건강한 자아정체성이 만들어지지만, 그렇지 못할 경우 정서적인 어려움과 갈피를 잡지 못하는 상태에 빠지게 된다.

에릭슨의 이론을 더 발전시킨 발달심리학자 제임스 마르시아(James Marcia)는 이 시기에 정체성 성취에 기여하는 두 가지 중요한 부분이 있다고 말한다.[3] 하나는 '선택과 탐색'으로 가족의 울

---

3 James E. Marcia, "Development and Validation of Ego-Identity Status,"

타리 밖에서 새로운 대안과 선택을 찾아보고 탐색하는 것이다. 다른 하나는 '소속감'으로 어느 집단에 속하여 그 집단의 책임과 의무를 완수하는 것이다. 마르시아는 탐색과 소속감을 통하여 네 가지 정체성 상태(the four identity status)를 이룬다고 분석한다.

마르시아에 따르면 대학과 사회의 진로를 부모의 말씀에 의지하여 따라가는 것과 같이 선택과 탐색이 제대로 이루어지 못하고 관계되는 소속감만 있게 되면 정체성의 조기마감(identity fore-closure)이 이루어지게 되고, 분명한 대안을 설정해서 관여하거나 소속되지 못하고 탐색만 계속하게 되면서 방황하게 되면 정체성 유예(identity moratorium)를 경험하게 된다. 반면, 인생의 방향과 대안에 대해 진지한 탐색도 하지 않고 어떤 관여도 하지 못하는 상태를 정체성 확산(identity diffusion)이라고 말한다. 정체성 위기 가운데 대안에 대한 진지한 탐색과 관여를 통해 인생의 방향과 목표에 대한 확신을 갖게 되었을 때 자아정체성 성취(ego identity achievement)를 얻게 된다.

Journal of Personality and Social Psychology 3(1966), 551-558.

나는 누구인가?(Go deep into yourself!)

• 내가 다른 사람들과 구별되는 나 자신의 고유한, 독특한 점
  은 무엇인가?

• 내가 자신 있게 잘 할 수 있는 것은 무엇인가? — 내가 가지
  고 있는 뛰어난 재능과 소질과 같은 강점은 무엇이 있는가?
  나의 약점은 무엇인가?

• 나의 관심분야와 지식은 무엇인가?

• 나는 어떠한 일을 하면 정말로 즐겁고 신이 나는가? 그러한
  것 속에 있는 나의 재능은 무엇인가?

• 내가 가장 하기를 원하는 것은 무엇인가?

• 나는 이성의 파트너로서 또는 배우자로서 어떠한 사람을 좋
  아하는가?

• 나는 진정으로 어떠한 사람이 되기를 원하는가?

• 나의 인생의 목표와 사명은 무엇인가?

• 나의 종교적 정체성은 무엇인가?

청년들이 겪는 자아정체성의 위기는 다양한 측면에서 일어난다. 다문화가정의 청년이라면 인종적·민족적인 측면에서의 정체성 위기가 중요할 수 있으며, 혈연이 중요시되는 가정 출신이라면 자신의 근본에 대한 정체성 탐구가 중요할 수도 있다.

많은 젊은이에게 나는 어떠한 일을 하며, 사회에 무엇으로 공헌할 것인가와 같은 직업적 탐색과 어떠한 사람을 좋아하고 배우자로 선택할 것인가와 같은 사랑과 결혼에 대한 탐색, 자신의 삶의 방향과 인생관을 결정짓는 세계관에 대한 탐색은 중요하다. 결국 성인 초기의 정체성 위기와 탐색과 관여를 경험하면서 자신에 대한 인식과 인생관, 직업적 방향 등을 자신의 독립적 힘으로 재정립하여 이를 실현하기 위한 참여적 활동을 할 때 자아정체성을 성취할 수 있다. 10대 후반에서 20대 중반에 이러한 자아정체성을 확립하여 자신의 현재를 긍정적이고 적극적으로 살아가며 미래를 준비하는 것이 청년들에게 필요한 인생 과제라고 할 수 있다.

2) 친밀감 − 사랑과 결혼

청소년기가 되면 일어나는 대표적인 변화가 이성에 대한 관심의 증가와 사랑에 대한 욕구이다. 청년기에는 사회적 관계가 더욱 확대되면서 남녀 간의 연애가 자연스럽고 앞으로 인생을 함께 엮

어갈 배우자를 찾기도 한다.

에릭슨은 자신의 정체성을 확립한 후에 자신의 정체를 다른 사람과 융합하는 능력을 '친밀감'이라는 용어로 제시한다. 다른 사람에 대한 관심과 사랑의 능력을 확대하여 특히 이성에 대한 관심과 사랑에 대한 욕구를 통한 친밀감의 성취를 성인 초기 청년기에의 중요한 발달과제라고 말한다. 인간은 기본적으로 독립성과 개별성, 의존성과 연합의 욕구를 갖고 있다는 점에서 청년기에 독립적 정체성을 형성하고 다른 사람과 융합하는 친밀감을 형성하는 것은 자연스러운 과정이다. 에릭슨은 이러한 친밀감을 획득하지 못하면 자기 몰두에 빠지고 고립된다고 말한다.

베일런트는 갓 성인이 된 사람은 자신만의 세계에서 벗어나 다른 사람에게 관심을 확대하고 이성과의 관계를 통해 친밀감을 형성하며 배우자와 정서적 결속을 맺게 됨으로써 친밀감을 확립해간다고 말한다.[4] 그런 점에서 청년기에 친밀감의 경험과 성취에서 사랑과 결혼을 통한 파트너와의 관계가 중요하다고 할 수 있다.

많은 젊은이가 낭만적인 사랑을 꿈꾼다. 현재 청년들에게는 익숙하지 않지만 청년들의 부모세대들은 잘 아는 〈러브 스토리〉

---

[4] 조지 베일런트, 이덕남 옮김, 『행복의 조건』(서울: 프런티어, 2010), 90.

(Love Story)라는 영화가 있다. 그 영화의 주인공인 올리버와 제니는 같은 대학에서 만나 대부호의 아들과 이탈리아 이민자의 딸이라는 사회적 신분의 차이를 극복하고 결혼을 한다. 하지만 안타깝게도 제니가 불치병으로 죽게 된다. 특히 이 영화는 두 사람이 눈 위에서 하는 눈싸움이 압권이었는데 당시 이 영화를 본 많은 젊은이가 겨울에 눈이 쌓이면 영화를 떠올리며 사랑의 눈싸움을 하곤 했다. 시대가 조금 다를 뿐이지만 모든 세대가 올리버와 제니처럼 또는 로미오와 줄리엣처럼 로맨틱한 사랑을 꿈꾸고 그러한 생각을 하는 것만으로도 행복해하기도 한다.

많은 젊은이가 첫눈에 반하는 매혹적 사랑, 무한히 행복한 사랑, 어떤 장애물도 극복할 수 있는 사랑 등 소설이나 영화의 주인공처럼 환상적인 사랑을 꿈꾸며 그러한 사랑에 빠지기를 원한다. 그러나 뇌에 대한 생물학적 연구는 이러한 로맨틱한 사랑의 유효 기간을 대략 18개월 정도라고 말한다. 인간 대뇌에 사랑을 지속시키는 화학물질로 도파민, 페닐에틸아민, 옥시토신, 엔도르핀 등이 중요한 작용을 하는데 이러한 물질들은 사랑에 빠진 뒤 18개월 정도 지나면 더 이상 생성되지 않고 사라지게 되기 때문이라고 한다. 안타깝지만, 기껏 해도 2년을 넘지 못하는 것이다. 많은 사람이 꿈꾸는 환상의 사랑은 평생에 걸쳐 지속되는 것이 아니기 때문에 결국 우리는 사랑과 결혼을 통한 친밀감의 경험과 지속에 관해 배울 필요가 있다.

남녀 간의 사랑에 관한 가장 설득력 있는 이론으로 캐나다 심리학자인 로버트 스턴버그(Robert Sternberg)의 '사랑의 삼각형 이론'이 있다. 그는 사랑은 친밀함(intimacy), 열정(passion), 결심과 헌신(decision/commitment)의 세 가지로 이루어진다고 말한다.5 친밀함이란 사랑하는 관계 안에서 경험하는 연결감·유대감·밀착감 같은 따뜻한 느낌으로, 사랑의 정서적 요인이라고 할 수 있다. 친밀감이 있을 때 두 사람은 함께 있으면 행복하고 서로에게 관심과 호의를 보인다. 어려움이 있을 때는 서로 마음과 생각을 나눔으로써 서로를 이해하는 것으로, 우리 문화의 정(情) 같은 것이라고 할 수 있다.

열정이란 사랑하는 사람과 결합하고자 하는 갈망 상태로 온도로 말하자면 뜨거운, 즉 핫(hot)한 느낌이다. 열정은 행동을 유발하도록 강력한 힘을 발휘하기 때문에 사랑의 동기적 요인이 된다. 열정은 이성간의 사랑에서는 주로 성적인 욕구로 표출되는 경우가 많다.

마지막으로 결심/헌신은 온도로는 차가운 느낌으로 표현할 수 있다. 단기적으로는 어떤 사람을 사랑하겠다는 결심이며, 장

---

5 김애순, 『청년기 갈등과 자기이해』(서울: 시그마프레스, 2015), 96-98.

기적으로는 그 사랑 관계를 지속하기 위해 어떤 개입을 하고 헌신을 하며 책임을 지는 것이다. 이것이 사랑 관계를 일정하게 유지해주는 역할을 한다.

스턴버그의 사랑의 삼각형 이론을 통해 알 수 있는 것은 사랑이란 많은 젊은이가 생각하는 것처럼 결코 열정 가득한 로맨틱한 관계만으로 이루어지지 않는다는 것이다. 사랑은 로맨스와 열정 그 이상으로 서로에 대한 관심과 이해와 수용을 보여주는 동반자적인 친밀감과 어렵고 힘든 상황에서도 결단하고 책임질 수 있는 헌신과 책임의 요소가 수반되어 균형을 이루어야 한다는 것이다.

특히 나이가 들어갈수록 열정의 요소보다는 친밀감과 책임의 요소가 더 중요해진다. 나이 든 부부들이 원숙한 사랑의 모습을 보여주는 것은 이러한 친밀감을 통한 친한 친구 같은 관계를 맺으며 상대방과 가정에 대한 책임과 헌신의 모습을 보여주기 때문에 가능하다. 요즈음은 결혼 초기에 성격 차이로 생기는 신혼부부 이혼 그 이상으로 황혼이혼이 증가하고 있다. 그 이유도 결국은 서로에 대한 친밀감과 책임의 부재에 기인한 것이다.

요즈음은 청년들 사이에 결혼의 필요성에 관한 생각들이 과거 세대와는 많이 바뀌었다. 특히 젊은 여성들의 경우 결혼은 선택이라고 생각하고 비혼을 선호하는 경우도 상당한 비중을 차지한다. 그러나 깊은 친밀감의 발전은 결국 결혼생활을 통한 배우자와의 관계를 통해서 성취된다고 할 수 있다.

미국의 가족과 부부 치료 전문가인 리맨 윈(Lyman Wynne)과 애델 윈(Adele Wynne)은 결혼관계에서 친밀감은 다음의 네 가지에 근거해 형성된다고 말한다.6

첫 번째는 애착과 돌봄의 부여, 즉 어린 시절 부모-아동관계의 원형이다. 애착관계를 연구하는 심리학자들에 따르면 남녀 간의 사랑도 본질적인 면에서는 어린 시절 우리가 부모와의 관계에서 경험했던 안전함과 지지와 친밀함에서 크게 벗어나지 않는다고 한다. 어린 시절에 부모로부터 안전과 지지를 얻은 긍정적 애착유형을 가진 두 사람은 서로 하나가 되는 데 별 어려움이 없지만 부정적인 애착유형인 회피와 불안, 혼란의 애착관계를 가진 두 사람의 결합은 더 큰 정서적 갈등과 혼란으로 나타난다. 그리고 대개 신혼 초에 이러한 갈등 국면을 서로의 성격 차이라고 말한다.

두 번째는 의미와 메시지가 교환되는 의사소통 과정이다. 부부로서 두 사람이 서로 친밀한 동반자 관계를 형성하려면 공통의 관심사와 화제를 갖고 서로 대화가 잘 되는 것이 중요하다. 동성

---

6 존 패튼, 윤덕규 옮김, 『영혼돌봄의 목회: 본질적 가이드』(서울: 기독교문서선교회, 2011), 138.

간의 친구 관계에서도 이러한 의사소통이 중요함을 알 수 있다. 마찬가지로 부부간의 친밀한 관계를 형성하기 위해서는 대화가 잘 이루어지고 차이 나는 의견이 있어도 상대방을 존중하며 대화할 수 있어야 한다.

세 번째는 문제의 공동 해결과 일상 임무들의 공유이다. 결혼생활에서는 기본적으로 함께 해결해야 할 공동의 문제와 누군가는 해야 할 일상의 임무들이 존재한다. 가정의 재정 문제와 육아 문제는 결혼한 남녀가 함께 해결해야 할 가장 기본적인 것이다. 두 사람이 이러한 문제에 대해 책임감과 헌신감을 갖고 임하면 서로의 관계는 더 가까워지지만 그렇지 못하면 심한 갈등을 유발할 수도 있다. 또한 가정에서는 청소와 설거지는 누가 하고 쓰레기는 누가 버리는가와 같은 일상의 임무들이 존재한다. 이러한 임무들에서도 서로 화합하고 잘 분배하여 해결해야 한다. 마지막으로 세 과정이 지속적 관계의 패턴으로 통합되는 것으로써 이해되는 상호성이다.

연애와 결혼생활을 통한 사랑과 친밀함의 발달에서 필자는 한국의 젊은이들에게 다음과 같은 면들이 중요하다고 생각한다.

첫 번째는 서로를 존중하는 것(Mutual Respect)이다. 젊은 시절 사랑에 대해 갖는 오해 중 하나는 자신의 소유욕과 지배욕을 사랑이라고 합리화하고 착각한다는 것이다. 특별히 통제적 성격

특성을 지닌 사람은 연애나 결혼 관계에서 상대방 파트너를 통제하고 소유하려는 경향이 높다. 그러나 그것은 사랑이 아니다. 사랑은 상대방을 존중하는 것임을 기억하자. 사랑은 함께 추는 춤에 비유할 수 있다. 서로 붙고 함께 하는 연합이 있지만 두 사람이 추는 춤처럼 사랑 관계도 서로 간의 떨어짐과 분리가 있어야 한다. 그러한 분리와 독립에서 상대방은 자유를 느낄 수 있게 된다.

두 번째는 결혼을 결정하기 전에 시간을 가질 필요가 있다는 것이다. 결혼 배우자를 결정할 때 너무 환상에 빠질 필요는 없다. 최소한 6개월에서 1년간 사귀며 상대방이 평생 함께하는 인생의 동반자가 될 수 있는지 생각해볼 여유가 필요하다. 첫눈에 반한 운명적 사랑으로 두 사람의 관계를 미화하기보다는 서로 간의 관계와 미래에 대해 깊이 생각해볼 시간이 필요하다.

세 번째는 신뢰감과 안전감을 형성하고 상호관계에서 서로 노력해야 한다. 성인의 사랑에서도 우리는 어린 시절의 부모-자녀 간의 관계처럼 서로를 안전과 위로를 주는 대상으로 의존하려고 하는 성향이 있기 때문에 서로 간의 격려와 수용을 통해 신뢰감과 안전감을 주고 가정의 모든 일에 함께 노력하는 것이 필요하다.

『사랑의 기술』(*The Art of Love*)이란 20세기 고전을 저술한 에리히 프롬(Erich Fromm)은 사랑을 단순히 낭만적인 감정이라기보다는 하나의 기술로서 노력과 지식이 필요하다고 말한다. 즐거운 사랑과 안정적인 결혼생활을 하려면 우리는 사랑의 기술을 배워야 한다. 대부분의 청년이 학교에서 많은 지식을 배우지만 정말로 중요한 사랑과 결혼에 대해서는 거의 배우지 못한다. 그런 점에서 결혼을 하겠다고 결심을 하면 결혼예비학교 같은 교육이나 결혼 전 상담(premarital counseling)을 받아보는 것도 많은 도움이 될 수 있다. 또한 좋은 결혼관계를 유지하고 있는 선배 부부들에게 조언을 얻는 것도 바람직하다.

3) 직업적 정체성 찾기와 직업 찾기

청년기에 개인의 자아정체성을 확립하는 데에 자신이 이 사회에서 무엇을 직업으로 정해야 하는지 탐색하며 선택하고 결정하는 것은 중요하다. 베일런트는 이 부분을 성인의 발달과제의 한 부분으로써 개인의 정체성을 확립하는 데에서 더 나아가 일의 세계에서 사회적 정체성을 확립하고 이를 통해 직업적 안정을 꾀하는 것으로, 에릭슨 이론에서 분리해서 다룬다.7 필자의 견해로도 사회적 정체성을 확립하는 것이 개인의 정체성 형성과 확립의 한 부분이지만 직업적 성취와 안정이라는 부분을 포함해서 독립적으로 생각해보는 것도 좋다고 생각한다.

---

7 조지 베일런트, 『행복의 조건』, 90-91.

청년기에 직업적 정체성을 탐색하여 확립하고 자신의 직업을 찾고 그 속에서 직업적 안정과 성취를 이루어나가는 것은 인생의 과제로 중요한 부분이다. 우리가 직업을 찾고 직업적 안정을 이루어는 것은 큰 부분에서는 정체성 확립 측면에서 볼 수 있고 이 부분을 사회적 관계를 포함한 사회적 정체성의 부분에서 볼 수 있다. 그런 점에서 어떠한 직업을 선택해야 하는가 하는 부분에서 '나는 누구인가', 즉 내가 갖고 있는 관심과 재능과 능력에 대한 발견과 인식이 중요하다. 또한 직업적 안정은 사회적 관계를 전제로 이루어지기 때문에 인간관계가 중요하다.

오늘날 직업 탐색과 컨설팅 분야를 개척해서 가장 큰 영향력을 끼치는 학자로 리처드 볼스(Richard N. Bolles)를 들 수 있다. 볼스는 독특한 이력을 지닌 사람인데 그는 대학에서 화학과 물리학을 공부했고 또 신학을 공부해서 성공회 신부로 활동하다가 마지막으로 직업 탐색 분야를 개척해서 이 분야 최고 전문가가 되었다. 그는 직업 탐색 분야의 대표 저서인 *What Color is Your Parachute*(당신의 낙하산 색깔은?)라는 책을 매년 업데이트해서 내놓고 있다.

직업을 탐색하고 구하는 데에 지혜를 주는 볼스의 조언은 크게 보면 두 가지이다. 하나는 "나는 누구인가"를 아는 것이고 다른 하나는 "인간은 관계 안에 사는 사회적 존재"라는 것을 알고 관계망을 통해 직업을 구하는 것이 효과적이라는 것이다.

볼스는 취업시장에 대한 정보보다 더 중요한 것은 나 자신에 관한 정보인데 많은 사람이 이 점을 간과하고 있다고 말한다. 즉 우리의 삶은 직업을 필요로 하고 이를 위한 준비가 필요한데 대부분의 사람은 취업시장에 관한 정보만 있으면 일자리 문제를 해결할 수 있다고 생각한다는 것이다. 그는 이렇게 말한다.

> 내가 40년 넘게 경험하면서 확신하는 것은 아무도 자기가 누구인지 분명하게 알지 못한다는 사실이다. 내가 누구인지 잘 모르고, 내가 세상에 무엇을 내놓으며 살 것인지 거의 감을 못 잡고 있다. 그러므로 자기에 대해 연구를 더 해야 하지 않을까?[8]

볼스는 자신을 알기 위해서는 먼저 자기 자신에 대한 연구를 해야 한다고 조언한다. 자기 자신에 대한 연구의 핵심은 자신이 선호하고 즐기는 지식과 관심분야를 아는 것과, 즐겨하면서도 잘할 수 있는 능력을 아는 것이다. 다른 말로 하면 자신이 좋아하는 관심분야의 지식과 함께 잘할 수 있는 재능과 능력이 어디에 적당한지 아는 것이다.

---

8 리처드 볼스, 『파라슈트』(서울: 한국경제신문사, 2013), 84-85.

우리는 직업을 찾는 젊은이들에게 네가 좋아하는 것을 하라고 쉽게 말한다. 그러나 단순히 좋아하는 분야만이 아닌 내가 천부적으로 갖고 있거나 후천적으로 발전시켜온 재능과 능력을 잘 발휘할 수 있는 일을 알고 그러한 분야를 찾아보는 것이 중요하다. 사실 자신이 좋아하는 것만을 직업으로 정하고자 한다면 그 분야에서 성공 가능성 못지않게 실패 가능성이 높다는 점을 유념해야 한다.

　　야구나 축구를 좋아하는 사람은 많지만 좋아하는 사람 누구나 프로야구나 프로축구 선수가 될 수 있는 것은 아니다. 선천적으로 타고나거나 후천적으로 계발된 재능이 있어야 한다. 스포츠나 예술활동만이 아니라 이것은 많은 직업에도 적용된다. 그런 점에서 자신이 좋아하면서도 잘할 수 있는 일을 찾는 것이 가장 바람직하다고 할 수 있다.

　　볼스의 다른 조언은 직업을 구하는 데에, 인간은 관계 안에 사는 사회적 동물이기 때문에 관계망(네트워킹)을 활용해야 한다는 것이다. 사회생활에서 성공하기 위해 네트워킹을 강조하는 말은 많이 들어봤지만, 직업을 구하는 데에 활용할 수 있는 네크워킹을 이미 갖고 있는 사람은 많지 않을 것이다. 그래서 볼스는 부끄러움과 쑥스러움을 극복하고 정보수집을 위한 면접을 꼭 보라고 조언한다.

흔히 면접을 떠올리면 자신이 지원한 기관이나 회사에서 면접을 받는 채용면접을 생각하지만, 마치 옷을 살 때 진열대에 걸린 멋있고 자신에게 어울릴 것 같은 옷도 한 번 입어보고 선택하듯이 정보수집 면접을 통해 자신이 원하는 해당 분야에서 현재 일하고 있는 사람을 찾아가 그 일을 어떻게 하게 되었고, 그 일을 하게 되면 무엇이 좋고 나쁜지에 관한 정보수집을 하라는 것이다. 그러면 직업을 구하는 데에 시행착오도 줄일 수 있고 정보수집 면접을 통해 사회적 관계망을 확장할 수 있다는 것이다.

일본 소프트뱅크의 창업주인 손정의 회장은 유명한 일화를 많이 남긴 사람인데 그가 10대 후반 시절 일본 맥도날드의 창업주였던 후지타 덴을 만난 이야기는 이런 점의 필요성을 잘 보여준다. 당시 일본에서 이미 잘 알려진 기업가였던 후지타 덴을 만나기는 쉽지 않았지만 수십 번의 전화 끝에 손정의는 후지타와의 15분의 짧은 만남을 허락받는다. 그는 동경까지 비행기를 타고 가 만난 인터뷰에서 앞으로 어떤 사업을 하는 것이 좋겠느냐는 질문을 한다. 후지타 회장은 손정의의 질문에 1970년대 당시에는 사람들에게 잘 알려지지 않은 미래사업인 컴퓨터 사업을 해보라는 조언을 주고 손정의는 미국 캘리포니아로 유학을 가 컴퓨터와 경영학을 공부하게 된다. 그리고 오늘날 정보통신 분야의 세계적 기업인 소프트뱅크를 일군다. 손정의의 일화는 정보수집 면접과는 조금 다를 수 있지만 용기를 갖고 사회적 관계를 확장하고 그를 통해 정보를 얻는 것의 중요성을 보여준다.

실제로 우리가 직업적 성취와 안정을 이루기 위해서는 능력만이 아니라 다른 사람과의 사회적 관계가 중요하게 작용한다. 한 신문기사에 나온 바로는 우리나라의 부자들에 대한 조사에서 절반 이상의 사람은 그들이 부자가 될 수 있었던 가장 중요한 요인으로 사람들과의 관계를 통한 정보 획득을 꼽았다고 한다. 부의 획득만이 아니라 직장에서의 안정과 성취도 많은 부분은 인간관계와 밀접한 관련이 있다. 사람과의 관계를 중요시하고 사람을 존중하며 함께 윈-윈(win-win)하고자 하는 자세는 직업적 성취와 안정에 많은 도움을 준다.

지금까지 지혜로운 삶을 살아가기 위한 청년기의 세 가지 인생 과제에 대해 살펴봤다. 왜 이러한 인생 과제를 성공적으로 이행하는 것이 지혜로운 삶과 관련되는가? 모든 사람은 탄생에서부터 죽음에 이르는 각 인생의 단계를 거쳐 가게 된다. 인생의 지혜는 인생의 각 단계에서 자연적으로 경험하게 되는 삶의 과제들을 적극적으로 잘 해결하는 경험을 통해서 발달하게 된다. 에릭슨이 말한 것과 같이 그러한 과업들을 잘 해결하지 못하면 그것은 다음 단계의 인생 과제 해결에 영향을 준다. 20~30대의 청년기에 자기정체성의 탐구와 확립, 사랑과 결혼을 통한 친밀감의 발전, 직업 찾기와 직업적 성취는 청년기만이 아니라 인생 전체에 큰 영향을 주게 되고 이러한 부분을 긍정적으로 이행하며 경험한 사람이 더 지혜로운 삶을 살아가게 된다.

프로이트는 "가장 성공적인 삶이란 사랑하고 일하는 것"이라고 말했다. 자기 자신이 어떠한 사람인가를 알아 자신에게 알맞은 직업을 발견하고 그것을 통해 보람과 행복을 얻고, 사랑하는 사람이 있어 사랑하며 사랑받으며 살아가는 것이 청년들이 지혜로운 인생을 일구는 데에 중요할 것이다.

【오디세우스의 모험과 지혜】

오디세우스는 이타카의 왕 라에르테스와 안티클레이아의 아들로서 그리스 신화에서 헤라클레스나 아킬레우스와 같은 신체적 힘과 용기보다는 지략과 계략과 꾀가 탁월한 영웅으로 그려진다. 그는 이카리우스의 딸 페넬로페와 결혼하여 아들 텔레마코스를 낳고 행복하고 평화로운 삶을 살아간다. 그러나 그리스와 트로이의 전쟁으로 인해 어쩔 수 없이 트로이 전쟁에 참가하게 된다. 전쟁에서 오디세우스는 자신이 꾀를 내어 만든 목마를 통해서 10년간의 트로이 전쟁을 끝낸다. 그는 10년간의 전쟁에서 살아남고, 고향 이타카를 향한 예상하지 못한 또 다른 10년의 귀향의 항해를 한다.

오디세우스의 모험을 담고 있는 서양의 대표적인 고전 『오디세이아』는 아테네 여신이 오디세우스의 아들 텔레마코스에게 "젊은이여, 그대 자신에게 나는 현명한 조언을 하겠소. 그대는 가장 훌륭한 배를 한 척 준비하여 가서 아버지의 소식을 수소문하시오"라는 조언으로부터 시작한다.9 신화 속에서 아버지를 찾는다는 것은 자신의 근원을 찾는 것, 다른 말로 하면 자신의 정체성을 찾는 것이라고 할 수 있다. 아직 어리고 약해서 자신의 어머니 페넬로페를 구혼자들로부터 지켜주기 어려웠던 텔레마코스는 자신의 근원을 찾는 과정을 통하여 성장하는 모습을 보여준다.

트로이에서 고향 이타카를 향한 10년의 항해 속에 오디세우스는 엄청난 시련과 역경을 경험한다. 바다의 신 포세이돈의 아들인 폴리페모스의 눈을 멀게 해서 포세이돈의 화를 초래하여 귀향은 험난한 과정을 겪는다. 오디세우스의 부하들은 아이올로스의 가죽부대를 열어보는 어리석음을 범하거나 태양신 헬리

오스의 소들을 먹음으로써 또 다른 재앙을 부른다. 마치 우리 인생에서 종종 경험하는 무지와 어리석음으로 불필요한 삶의 시련을 경험하는 것 같다. 그렇지만 인간 삶에서 펼쳐지는 항해의 모험을 통해 오디세우스는 시련과 역경을 극복하는 인간적인 영웅의 인내와 지혜, 불굴의 의지를 보여준다.

특별히 오디세우스는 위기 가운데서도 뛰어난 지략과 꾀와 교활함을 발휘한다. 거인 괴물 폴리페모스의 동굴에 갇혀 그의 먹잇감이 되었을 때에도 지략을 써서 포도주를 주어 폴리페모스를 잠들게 하고 자신의 이름을 묻는 그에게 '아무도 아니'(no-body)라고 말함으로써 자신의 신분을 감추고 무사히 동굴에서 탈출한다.

폴리페모스가 외눈이 찔려 앞을 보지 못하고 비명을 지르자 다른 키클롭스들이 폴리페모스의 동굴 앞에 나타나 묻는다. "폴리페모스, 무엇이 그대를 그토록 괴롭혔기에 그대는 신성한 밤에 이렇게 고함을 지르며 우리를 잠 못 들게 한단 말이오? 설마 누가 꾀나 힘으로 그대를 죽이려는 건 아니겠지요?" 그러자 폴리페모스가 동굴 안에서 그들을 향해 말하기를 "오오, 친구들이여! 힘이 아니라 꾀로써 나를 죽이려는 자는 '아무도 아니'요." 그러자 키클롭스들은 "그대에게 폭행을 가하는 것이 아무도 아니고 그대가 혼자 있다면 그대는 아마도 위대한 제우스가 보낸 그 병에서 결코 벗어날 수 없을 것이오. 그러니 그대는 아버지 포세이돈 왕께 기도하시오"라고 말하고 떠나간다.[10] 이처럼 오디세우스의 지략과 꾀는 그의 생존을 위협하는 위기를 벗어나게 한다.

오디세우스의 모험에서 드러나듯 그리스의 영웅신화는 인간의 삶을 잘 반영한다. 신화 속에서 영웅은 탄생-모험-시련-협력자와의 만남-죽음을 경험한다. 우리 모두에게는 영웅처럼 비범하지는 않을지라도 아름다운 탄생 이야기가 있다. 소년과 소녀의 어린 시절을 넘어 우리는 성인이 되는 시기에 영웅의 모험을 시작하게 된다. 영웅이 그 공동체를 위협하는 괴물을 퇴치하는 꿈을 성취하고 공동체로 귀환하는 것 같이 우리도 삶의 모험의 목표인 꿈을 가지며 우리 자신의 삶의 과업들을 성취해나가는 모험을 한다. 그것은 '나는 누구인가'를 아는 자신의 정체성의 탐구에서 시작하는, 일과 사랑의 모험이다. 아테네의 영웅 테세우스가 괴물 미노타우로스를 처치하는 과정에서 아드리아네를 만나 실타래를 얻은 것처럼 우리는 사랑의 동반자를 만나고 사랑에 빠지게 된다.

영웅들은 자신의 과업을 이루기 위해 수많은 불가피한 시련을 경험한다. 헤라의 노여움을 사 열두 가지에 이르는 과제를 풀어야 했던 헤라클레스 같이 진정한 영웅이 되기 위한 과정은 인내와 용기, 지혜와 의지가 필요한 결코 쉽지 않은 삶의 과정을 요구한다. 그러한 시련과 역경을 거치면서 자신의 삶의 과업의 성취를 이루게 된다.

그리스 신화에서는 아테나 여신이나 전령의 신인 헤르메스가 위기에 처한 영웅들을 도와준다. 위기와 고통의 상황에서 때를 따라 돕는 손길이 우리의 삶에서도 펼쳐진다. 그러나 영웅도 신이 아닌 인간이기 때문에 결국 죽음을 맞이한다. 우리 삶의 신화의 영웅인 우리도 결국은 모든 인간의 보편적 운명인 죽음과 만나게 된다.

9 호메로스, 천병희 옮김, 『오뒷세이아』(고양: 도서출판 숲, 2006), 34; 1장 279-281행.
10 앞과 같은 책, 207; 9장 403-412행.

제10장

공동체의 평화와 정의

마지막 장은 공동체의 변화에 관한 것이다. 이 장에서는 평화롭고 정의로운 공동체의 건설에 대해서 다룰 것이다. 인간의 상처, 불안과 중독의 근원이 되었던 폭력과 억압을 없애고 비폭력적 삶과 평화로운 사회를 구현하기 위해서는 폭력으로 받은 상처를 개인적으로 치유하는 데에 그치는 것이 아니라 인간이 서로를 존중하는 평화롭고 정의로운 사회를 만들어야 한다.

　한 개인이 경험하는 상처와 불안과 중독의 문제는 그가 속한 사회와 밀접한 관계를 맺고 있다. 70~80대의 노인세대는 어린 시절에 아동학대 같은 트라우마를 겪은 경험이 많다. 그것은 그들이 제2차 세계대전과 6·25전쟁과 가난의 시대적 상황에 처해 있던 사회 속에 살았던 것과 깊은 관계를 갖는다. 특히 오늘날 한

국 사회의 젊은이들이 겪는 좌절감과 무력감과 고통은 사회구조
적 원인과 밀접한 관계가 있다. 그런 점에서 이 장에서는 개인의
문제를 넘어서 우리 사회가 갖고 있는 현실적 문제와 그를 극복하
고 지향해야 할 한국 사회의 모습, 갑질과 불공정 같은 억압과 차
별의 사회구조적 문제에 대해 다루고자 한다.

1. 샬롬과 우리 사회의 문제

샬롬(shalom)이라는 말은 기독교인이면 누구나 알고 있는 평화
의 인사말이다. 우리말의 '안녕'과 비슷한 말이라고 할 수 있다.
히브리어에서 샬롬에는 단순히 평화의 인사말을 넘어 더 포괄적
인 의미가 있다. 샬롬은 성서에서 완전함, 평화와 평안, 안전과 건
강, 행복과 번영, 성공과 구원의 의미를 포함한다. 샬롬은 모든 사
람이 꿈꾸는 행복한 삶, 건강하고 안전한 삶, 평화의 삶 그리고
개인적 차원만이 아니라 그러한 공동체와 사회를 일컫는 말이다.
우리가 이상적으로 지향하는 샬롬의 삶과 사회에 비추어볼 때 오
늘날 많은 한국인의 삶과 사회의 모습은 샬롬이 표현하는 행복하
고 안전하고 평안한 삶을 살고 있다고 말하기는 어렵다.
　　언론이나 사회단체에서 한국인들의 행복에 대한 의식조사를

하는 경우가 종종 있다. 그러나 이러한 조사보다도 다른 국가와의 비교를 통해 객관적으로 우리 사회의 행복도와 건강성을 조명해볼 수 있는 자료가 OECD가 조사발표하는 *How's Life*와「더 나은 삶 지수」(Better Life Index)이다. *How's Life*는 통계수치를 통해 OECD 35개국의 복지 상태의 강점과 약점을 보여주며 물질적 삶의 상태와 삶의 질을 잘 드러내준다. 구성하는 요소들은 아래와 같이 구분할 수 있다.

- 소득과 부(income and wealth)
- 직업과 소득(jobs & earnings)
- 주택(housing)
- 노동과 일의 균형(work and life balance)
- 교육과 기술(education and skills)
- 건강(health)
- 사회적 관계(social connections)
- 개인의 안전(personal security)
- 삶의 만족도와 같은 주관적 복지(subjective well-being)
- 환경의 질(environmental quality)
- 시민참여와 거버넌스(civic engagements and governance)[1]

이 지수들을 세부적으로 살펴보면 현재 한국 사회의 건강성과 행복도에 있어 강점과 약점을 잘 알 수 있다. 한국 사회는 OECD 전체 국가에 비해서 소득은 조금 낮고, 부는 평균수준을 보이며, 장기간 실업률과 주택보급률과 교육과 기술에서 상대적 강점을 갖고 있고, 범죄로부터의 개인 안전과 기대수명과 노동시장 불안 정성에서도 상대적으로 긍정적인 편이다.

반면 노동시간은 최악이며, 사회적 지지와 공기와 같은 환경의 질과 삶의 만족도가 매우 낮은 수준으로 조사되고 있다. 노동의 측면에서 볼 때, 한국 사회는 노동시장 불안정과 장기실업률은 낮지만, 장시간의 노동시간과 직업부담(the incidence of job strains)은 가장 안 좋은 것으로 나타난다.

불평등에 있어서는 소득분배의 높은 층과 낮은 층의 수직적 불평등이 OECD 전체 국가 중 두 번째로 높은 것으로 그리고 남녀 간의 수평적 차원에서의 불평등이 여성의 임금과 고용율에 있어 남성보다 훨씬 낮고, 이는 OECD 전체 국가 중에서도 낮은 수준으로 나타난다.

한국 사회가 높은 교육열과 투자로 인한 교육과 기술 분야의

---

1 OECD. *How's Life?* 2017. https://read.oecd-ilibrary.org/economics/how-s-life-2017_how_life-2017-en#page264-266.

강점, 다른 국가들에 비해 상대적으로는 낮은 실업률, 범죄로부터의 개인의 안전과 같은 부분에서 상대적으로 나은 상태에 있다는 것을 우리는 긍정적으로 받아들일 수 있을 것이다. 반면, 한국 사회는 노동시간이 너무 길고—2015년 기준 한국 근로자의 연간 노동시간은 2,071시간으로 OECD 평균인 1,692시간에 비해 높고 멕시코 다음으로 전체 OECD 국가 중 두 번째로 높다—직업의 노동으로 인한 부담이 커서 노동과 여가의 조화가 이루어지지 못하고 있다.

사회적 지지는 도움이 필요한 경우 도움을 줄 수 있는 친구나 친척을 가리키는데 한국 사회는 이러한 지지를 해줄 수 있는 사람이 적다는 것이 드러난다. 소득분배의 불평등도와 함께 남녀 간의 임금 격차도 상당히 높은 수준이다. 미세먼지를 통해 우리 스스로 체감하고 있지만 환경의 질도 매우 나쁜 편이다.

이러한 면에서 드러나는 객관적 측면들을 좀 더 깊이 생각해보면 한국 사회는 과도한 경쟁체제에서 장시간 노동을 통한 일에 중독된 사회이고, 가족 이외의 사람들로부터 도움과 지지를 얻을 수 있는 사회적 지지와 신뢰가 낮으며, 소득분배의 불평등도가 높고, 여성과 어린이와 같은 약자에 대한 존중과 배려가 낮다는 것을 알 수 있다. 결국 이러한 면들은 한국 사회가 1인당 국민소득 3만 달러에 이르는 고도성장을 해왔지만 국민들의 삶의 만족도가 떨어지는 이유를 설명해준다. 그래서 행복하고 평화롭고 정의로운 샬롬의 사회를 만들기 위해 우리 사회가 극복해야 할 문제점들과 그 원인들을 생각해보고자 한다.

먼저 한국 사회는 과도한 사회적 경쟁체제하에서 많은 사람이 장시간 노동을 하고 있다. 필자도 여러 나라를 다녀봤지만 한국 사회만큼 치열한 경쟁 속에서 살아가는 나라는 드물었다. 우리는 유치원에 다니는 어린 시절부터 경쟁을 시작하여 공부와 입시 경쟁에 치이며 초·중·고등학교를 다니고 대학에서 와서는 일자리 경쟁과 사회적 지위와 부의 획득 경쟁에 함몰되어 있다.

미국에 있을 때 교포분들이 하던 말이 생각난다. 초등학생들도 한국에서 온 아이들과 미국에서 자란 아이들은 차이가 있는데 한국에서 온 아이들이 더 경쟁적이고 공격적이라는 것이다. 미국 사회도 경쟁지향적 사회이지만 그만큼 한국의 경쟁 정도가 심하다는 말일 것이다.

입시에서의 과도한 경쟁으로 청소년들은 삶에 대해 진지한 탐구를 하고 건전한 교우관계를 맺기보다는 서로에 대해 무관심하고 상호 소외된 생활을 하게 된다. 특히 IMF 이후 지난 20년간 비정규직 비중이 높아지고 양질의 일자리가 줄어들면서 청년들이 직장을 구하는 데에 경쟁이 과도하게 치열해졌다. 어렵게 들어간 회사도 청년들의 27% 정도가 1년 안에 퇴사를 한다. 청년들의 조기 퇴사에는 여러 가지 원인이 있지만 그중 하나가 장시간 노동이라고 할 수 있다.

워라밸(work-life balance), 즉 일과 여가의 균형과 조화가 쉽지 않은 환경에서 많은 한국인이 살아간다. 한국 사회의 과도한 경쟁과 직업적 업무의 압박, 여유를 갖기 어려운 장시간 노동 환경은 한국인들이 일과 알코올, 도박 등에 중독 비율이 높은 이유를 설명해준다.

한국 사회의 약점 중 하나로 지적되는 점은 낮은 사회적 지지와 신뢰 체계를 갖고 있다는 것이다. 다른 국가들에 비해 도움이 필요한 경우 지지를 받을 수 있는 친척이나 친구가 적다. 그렇기 때문에 한국 사회에서는 지지를 받을 수 있는 곳이 가족이 거의 유일하다.

유교의 영향을 강하게 받아온 한국 사회는 연고주의적 성향이 강하며, 그중에서도 혈연에 기초한 가족주의가 발달한 사회로 볼 수 있다. 한국 사회의 배타적 가족주의가 발전해온 이유는 전통 사회의 이념과 관습의 영향뿐만이 아니라 전쟁과 식민지강점, 가난 같은 20세기 한국 사회의 역사적 경험도 많이 작용했을 것이다. 어려운 시기에 도움을 줄 수 있는 것은 혈연적 가족밖에는 없다는 생각이 사람들에게 체화되었고, 1997년 IMF를 겪고 난 후에 더 강화된 것이다. 이러한 경험이 유교의 혈연주의와 결합하여 상당히 강하고 배타적인 가족주의로 발달했다.

오늘날 한국 사회에서 일어나는 부모와 자녀 간의 세습과 자녀의 취업 청탁 등은 배타적 가족주의와 낮은 사회적 지지/신뢰와 관련된다. 실제로 한국 사회에서는 학교와 교회, 복지기관 같은 공적 성격이 강한 곳에서도 세습이 빈번히 이루어지고 있는데 세습을 하는 당사자들은 무엇이 잘못인지도 모르고 그것을 당연히 받아들인다. 결국 이러한 배타적 가족주의의 발달과 낮은 사회적 신뢰는 많은 청년에게 공정한 경쟁을 하지 못하게 가로막는 사회의 장애물이 되고 있고, 청년들을 깊이 좌절시킨다.

OECD 자료에서 한국 사회의 수직적 소득불평등이 전체 두 번째로 높은 것으로 드러나듯이 한국 사회의 소득과 자산의 불평등은 심각하다. 통계청의 2017년 「가계금융복지조사」에 따르면 2016년 한국의 소득 5분위 배율은 7.06배이고 상대적 빈곤율은 17.9%이다.[2] 소득 5분위 배율은 상위 20% 소득과 하위 20% 소득의 배율로서 한국은 OECD 평균인 5.4보다 높다(높을수록 소득불평등이 심한 것이다). 상대적 빈곤율은 가처분 평균 소득의 50% 수준에 못 미치는 사람들의 비중으로써 한국은 OECD 평균인

---

[2] KOSIS 국가통계포탈 소득분배지표. http://kosis.kr 참조.

11.7%보다 높을 뿐 아니라 가장 나쁜 수치를 보여준다. 한국 사회에 빈곤계층이 높게 존재하고 있다는 것이다.

정규직과 비정규직, 대기업과 중소기업의 노동시장의 이중구조로 인한 임금소득의 불평등은 양질의 일자리를 위한 과도한 경쟁을 낳고 있다. 공무원시험 경쟁률이 수백 대 일에 이르고 고등학생들까지 '공시'에 집착하게 된 것은 한국 사회의 임금소득 불평등과 깊은 관련이 있다. 이러한 불평등과 그것을 유지하기 위한 차별과 억압은 청년들이 꿈과 희망을 갖고 새로운 도전을 하는 것을 방해한다. 오늘날 개천에서 용 나는 것이 거의 불가능해졌다는 우리 스스로의 자조 섞인 말도 있듯이, 불평등이 주는 계급고정화는 사회적 역동성을 낮추고 사회가 발전하는 것을 가로막고 있다.

임금소득의 불평등만이 아니라 자산소득의 불평등을 합하면 더 높은 수준의 사회적 불평등을 보여주는데 한국 사회에서 자산의 핵심적 부분을 차지하는 부동산이 소수에게 편중되어 있기 때문이다. 오늘 우리 사회의 많은 사람이 갖고 있는 부동산신화, 즉 부동산 투자를 통하여 부자가 되고 성공할 수 있다는 믿음은 투자에 성공한 한 개인은 부자가 될 수 있으나 사회 전체적으로는 많은 문제를 야기한다. 오늘날 한국 사회가 국가적으로 직면한 가장 심각한 문제 중 하나인 초저출산율의 원인도 위에서 언급한 노동시장의 이중구조로 인한 소득불평등과 부동산 문제에 주된 원인이 있다.

한국 사회의 다른 문제점으로는 개인에 대한 존중과 배려의 부족과 수평적 불평등을 들 수 있다. 조선시대 말 갑오경장으로 신분제도가 철폐되고 해방 이후 정치적 민주화가 발전하면서 개인의 존엄성과 자유와 평등에 대한 인식이 신장됐지만, 아직도 우리 사회는 개인으로서 인간에 대한 존중이 부족하다. 갑을관계, 정규직과 비정규직의 차별, 여성에 대한 차별은 아직도 우리 사회가 가야 할 길이 많이 남아 있음을 보여준다.

기독교는 인간은 모두 하나님의 형상을 따라 지어진 존재라고 말한다. 그런 점에서 인간의 생명은 존엄하고 모든 인간은 하나님 앞에서 평등하다. 필자가 젊은 시절에 호주에 갔을 때 가장 놀란 일은 거리에서 횡단보도에 들어서면 쌩쌩 달리던 차들이 갑자기 멈추는 것이었다. 차보다도 사람이 먼저라는 인식이 호주 사람들에게는 깊이 각인되었기 때문이다. 이처럼 사람의 생명이 우선이고 인간에 대한 차별과 억압은 잘못이라는 인식으로 시급하게 전환해야 한다.

2018년 들어 들불과 같이 확산되고 있는 미투운동을 보면 한국 사회에서 그동안 권력 관계를 통하여 여성에 대한 차별과 억압이 얼마나 많이 이루어졌는지 알 수 있다. 성폭력과 성추행의 가해자들은 피해자인 여성에게 권력에서 더 높은 우위를 점하고 있으며 권력 관계를 이용해 성적 폭력과 추행을 행해왔다. 그러한 일이 문단과 문화계, 교육계, 종교계, 권력기관 등 사회 전반에 걸쳐 나타났다. 타자를 자신과 같은 존엄한 존재로 대하는 것이 아니라 자신의 욕망을 소비하는 대상으로서 권력을 통해 이용할 수 있다고 생각하기에 자신보다 약한 지위에 있는 사람을 억압하고 착취하는 것이다. 그것은 폭력의 형태로 피해자에게 깊은 상처를 남긴다. 또한 그것은 남녀 간의 관계에서만이 아니라 성인과 아이의 관계에서도 마찬가지다. 어린아이들도 자신의 생각과 욕구가 있음을 인정하고 그것에 대해 귀 기울여 듣고 대화하는 것이 필요하다. 결국 그것을 가능하게 하는 것은 인간을 가치 있는 존재로 생각하고 인간에 대한 존중을 실천하는 것이다.

2. 공동체의 평화와 정의

우리 사회가 평화롭고 정의로운 사회로 변화하는 것은 제1부에서 다룬 상처와 불안과 중독을 예방하는 역할을 한다. 앞에서 언급했듯이 한국 사회의 높은 경쟁과 사회적 불평등과 낮은 사회적 지지체계는 사회에서 많은 구성원에게 억압과 차별과 중독으로 인한 고통을 만들어내고 있다. 개인 차원만이 아니라 결국 사회 차원의 변화가 이루어져야 이러한 고통을 감소시킬 수 있다. 이러한 사회 차원의 변화와 평화롭고 정의로운 사회 건설을 위해서 청년들이 무엇을 해야 하는지 생각해보자.

먼저 작은 부분에서부터 개인 차원에서의 실천이 중요하다. 인간을 존중하는 것은 자기로부터 그리고 주변의 가까운 곳으로부터 시작하는 것이다. 자기의 가치에 대해 스스로를 존중하며 주변의 가족과 친구들을 존중하고 그리고 사회적 관계에서 만나는 사람들을 존엄성을 가진 인간으로 존중하는 것이다. 오늘날 우리 사회의 사회적 신뢰가 낮은 데에는 사회구성원들이 정직하지 않고 진실하지 못한 데에 기인한 측면이 크다. 그것은 많은 사람이 비판하는 정치인들만의 문제만이 아니라 사회 전반에 걸쳐 있는 문제이기도 하다.

정직과 진실의 실천은 개인의 실천적 측면에 좌우된다. 도산 안창호 선생님은 나라가 망하여 일본의 식민지가 된 망국의 원인을 당시 조선사람들 스스로 진실하지 못한 데에 있다고 말했다. 서로가 서로를 믿을 수 없었기에 갑신정변 이후로 독립협회에 이르기까지 여러 결사 운동이 있었지만 당시 3년 이상 존속되는 조직을 갖기 어렵다고 지적했다.3 그가 주장하고 실천하고자 하였던 '무실역행'(務實力行)의 무실(務實)은 거짓을 버리고 진실함에

최선을 다하고자 하였던 것이다.

어떤 사람들은 '개인 차원의 사소한 일들이 어떻게 사회 전체를 평화롭고 정의롭게 변화시키는 것에 기여할 수 있는가' 하고 반론을 제기할 수도 있을 것이다. 그러나 우리가 일상 속에서 한 인간과 인간 사이에서 그리고 자기 내면에서 평화와 정의의 마음을 이루지 못하면서 어떻게 사회 전체의 변화를 이야기할 수 있겠는가? 그것은 거짓된 평화와 정의가 될 것이다.

동양의 고전인 『대학』(大學)은 '수신제가 치국평천하'(修身齊家 治國平天下)라고 하였다. 자기의 몸과 마음을 닦아 수양하는 것을 제대로 못하면서 정치를 하며 천하의 평화를 논하는 것은 분명 언젠가는 깊은 모순을 드러내게 된다. 작은 부분에서부터 실천이 중요하다. 일상에서부터 자신과 타인을 존중하고 진실하게 살아가는 것이 중요하다.

정치는 사회가 갖고 있는 문제점들을 변화시키는 중요한 역할을 한다. 그런 점에서 우리 사회가 평화롭고 정의로운 사회로 변화하기 위해 젊은이들의 정치적 참여와 감시가 필요하다. 한국 사회의 중요한 문제점 중 하나인 긴 노동시간을 줄이려면 제도와 법의 변화를 통한 시행이 중요하다. 노동시간의 감소를 개별 기

---

3 이광수, 『도산 안창호』(파주: 범우사, 2015), 152-153.

업 차원에서 하기는 어렵다. 결국은 법적 시행을 통해 단축시켜야 한다.

또 하나 장시간 노동을 줄이려면 저임금 노동자의 소득 개선이 필요하다. 저임금 노동자들은 기본적인 소득이 주어지지 않기 때문에 장시간 노동을 할 수밖에 없는 상황에 놓여 있는 경우가 많다. '워킹푸어'라고 불리는 우리 사회의 저임금 노동자들은 비정규직 형태의 계약직이거나 중소기업이나 영세기업 또는 하청기업에 소속된 경우가 많다. 노조를 조직해 자신들의 이익을 대변하기도 어려운 상황이 대부분이다. 결국 정부의 개입과 제도적으로 이들이 최소한의 생활에 필요한 임금을 받을 수 있도록 하는 법적인 제도화가 필요하다. 그런 면에서 정부와 정치의 역할이 중요하다. 한국 사회의 소득 불평등을 개선하기 위해서도 결국 정부의 역할과 법을 제정하는 의회의 역할이라는 정치의 역할이 핵심적으로 중요하다.

2016년 구의역에서 일어난 지하철 스크린도어 수리 기사였던 한 청년의 죽음은 많은 젊은이를 분노하고 슬프게 만들었다. 19세의 이 청년은 서울메트로의 스크린도어를 관리하는, 지하철을 타는 시민들의 안전과 관련된 공적 업무를 담당하고 있었지만 그는 용역업체에서 일하는 비정규직 직원이었다. 안전상 2인 1조로 해야 하는 일이었지만 인력 부족을 이유로 홀로 일을 하다가

사고를 당했다.

그가 하는 일이 힘들고 위험한 일이었음에도 불구하고 비정규직인 그의 월급은 기본급 130만 원에 휴일수당과 연장근무 수당을 합해 144만 6000원이었다. 지하철 스크린도어 수리와 관리라는 안전과 관련된 위험한 일을 용역 외주화하여 적은 임금을 지급하는 것도 상식적으로 이해하기 어려운 일이었다. 그런데 서울메트로가 김 군이 소속된 용역회사에 지급한 임금은 월 240만 원이었다. 용역회사가 100만 원가량의 이익을 제하고 김 군에게 급여를 지급한 것이었다.

이 사건은 김 군과 같이 비정규직으로 또는 아르바이트로 또는 열정페이로 일하고 있는 많은 젊은이를 분노하게 하였다. 만약 정부가 그 역할을 제대로 하여 2인 1조로 일하는 것과 정당하게 임금을 받는 것에 신경을 쓰고 있었다면 구의역 사건의 청년은 자신의 안전과 임금을 정당하게 받을 수 있었을 것이고 그렇게 젊은 나이에 죽지 않았을 것이다. 그런 면에서 정부의 역할이 중요하다.

정부와 의회가 제대로 역할을 하려면 국민들의 정치 참여와 감시가 필요하다. 그런 점에서 정치적 무관심은 위험한 것이다. 정치적 무관심은 정치인들과 정부 관료들에 대한 감시를 소홀히 하게 되고 청년들이나 가난한 사람들 등 사회적 약자집단이 배제

된 정치적 선택과 정책 결정을 하게 만든다. 그렇기에 국민들, 그 중에서도 청년들의 정치 참여와 감시가 바른 정치와 정부의 역할 이 이루어지는 데에 중요하다.

한국 사회의 변화에서 2016년 가을에 일어난 촛불시위는 중 요한 역할을 했다. 기존 권력과 정부가 국민 전체의 복지와 행복 을 증대시키는 데 기여하지 못하고 오히려 사회의 부패를 가중하 는 역할을 하고 있었다. 젊은 세대들의 촛불시위를 통한 정치 참 여가 비폭력적 저항이라는 성숙한 모습을 통해 나타나고 부패 청 산과 사회적 약자들의 권리 증대라는 정치적 변화를 야기했다는 점에서 앞으로 한국 사회의 변화의 방향이 정의롭고 평화로운 사 회 건설로 나아가는 데에 전진을 이루었다. 필자는 한국 사회의 촛불시위를 통한 정치적 변화를 보면서 미국에서 마틴 루터 킹 목사를 비롯한 흑인들이 주도했던 몽고메리운동과 흑인민권운동 에 대해서 생각해보았다.

20세기 중반인 1950년대 중반만 해도 미국 사회 남부 지역은 여전히 인종차별이 심한 상태에 있었다. 미국연방헌법에서는 유 색인들에게도 인간으로서의 평등한 권리를 보장했지만 실제로 미국 남부에서는 같은 버스에서 흑인들은 백인 전용 좌석에 앉을 수 없었고 백인들이 다니는 대학에 입학하거나 백인 식당에 출입 할 수가 없었다. 남부 주에서는 이러한 차별과 격리가 합법화되어 시행되고 있었다.

흑인민권운동의 도화선이 되었던 몽고메리운동의 발단은 이렇다. 1955년 12월 1일 흑인 여성인 로사 파크스 부인이 백인 전용 좌석에 앉아서 백인 남성에게 자리를 양보하지 않은 일로 흑백 분리법률을 위반한 것으로 체포되어 구금되었다. 몽고메리 지역에서는 버스를 탈 때 흑백 차별이 심각했는데 앞자리는 백인 전용 좌석으로 유색인종인 흑인들은 앞문으로 타서 차비를 내고 다시 뒷문으로 타야만 했다.

마틴 루터 킹 목사를 대표로 한 시민불복종운동은 이러한 흑백분리제도에 대한 저항을 통해 연방최고법원으로부터 버스 내 흑백분리법률이 위헌이라는 판결을 받아낸다. 이와 같은 비폭력적 시위와 시민 불복종의 저항운동을 통해 미국 사회에서 유색인종에 대한 제도적 관행적 차별에 대한 거대한 변화를 만들어낸다.

이러한 운동의 결과로 1960년대에 미국 연방의회는 고용과 주택 매매와 임대, 학교와 직장 같은 공공장소에서의 인종 차별과 격리를 금지하고 인종에 따른 차별과 격리의 제도와 관습을 무력화하는 연방법률을 통과시킨다. 흑인민권운동은 오늘날 눈에 보이는 제도와 관행상으로는 인종 간의 차별을 없애고 미국 사회의 모든 시민이 동등한 권리와 기회의 평등을 받을 수 있는 중요한 역사적 분기점이 되었다.

촛불시위로 야기된 정치적 변화가 젊은 세대들이 평화롭고 정의로운 사회 속에서 살고 있다는 인식으로 바뀔 수 있는 제도와 관행상의 지속적인 변화가 필요하다. 대한민국 헌법은 국민들의 인간으로서의 존엄과 가치, 행복권 그리고 법 앞에 평등을 보장한다. 그러나 주변을 둘러보면 인간의 존엄성을 저해하고 공정한 경쟁과 평등한 기회 보장을 방해하는 잘못된 제도와 관행들이 존재한다. 대개 그러한 제도와 관행을 통해 자신들의 이권과 기득권을 유지하는 집단들이 있다.

헌법 제32조 4항은 "여자의 근로는 투명한 보호를 받으며, 고용, 임금 및 근로조건에 있어서 부당한 차별을 받지 아니한다"로 규정하고 있지만, 한국 사회가 OECD 국가 중 여성의 임금 차별이 가장 심한 국가라는 점은 우리로 하여금 잘못된 제도들과 관행들을 바꿔나가야 한다는 점을 상기시켜준다.

이 책에서 필자는 상처와 불안과 중독의 문제를 다뤘지만 많은 한국인이 겪는 고통을 전통적인 언어로 말한다면 한(限)이라는 용어를 쓸 수도 있다고 생각한다. 오늘날 우리 사회에서 깊은 한을 갖고 살아가는 분들 중 많은 사람이 동의하는 사람이 위안부 할머니들이다. 그분들은 전쟁과 성폭력이라는 폭력과 억압으로 인해 한이 생겼고 여전히 일본의 진정한 사죄를 받지 못한 것에서 한을 풀지 못하고 살아가신다.

할머니들의 한에 비할 수 없지만 오늘날 많은 한국인이 한을 느끼고 있다. 현대 한국 사회에서 느끼는 한은 사회에서 경험하는 차별과 억압 때문에 발생한다. 우리는 흔히 한국 민족이 외세로부터 많은 침략을 경험했기 때문에 전통적으로 한이 많은 민족이라고 생각한다. 하지만 한국의 역사를 볼 때 근·현대사는 침략과 어려운 질곡이 많았지만, 어쩌면 다른 민족들보다 더 평화로운 시기를 경험한 역사의 기간도 길었다. 조선시대 역사를 따져보면 조선 개국 후 임진왜란 전까지 200여 년, 병자호란 이후 200여 년은 평화로운 시기였다. 그렇기에 외세 침략으로 인한 한이 많기도 하지만 우리 내부에서 일어났던 차별과 억압이 한을 더 키운 것이라고 생각한다.

홍길동전을 보면 길동이 아버지를 아버지라고 부르지 못한다는 말을 한다. 그가 서자로 태어났기 때문에 신분제 사회에서 경험했던 차별이 탁월한 능력에도 불구하고 이 땅을 떠나 유구국으로 가서 새로운 나라를 건설하게 한 원인이었다.

사회가 공정함에 기반한 평화로운 사회가 되지 못하면 차별과 억압에 따른 한을 느끼는 사람들이 많아질 수밖에 없다. 그런 점에서 오늘날 한국 사회에서 홍길동이 경험했던 한을 마찬가지로 경험하지 않을 수 있는 사회, 즉 정의와 평화에 기반한 사회를 건설하는 것이 청년들이 담당해야 할 중요한 임무라고 생각한다.

참 고 도 서

국내 도서

교육부 보도자료.「2015년 2차 학교폭력 실태조사 결과」.

그륀, 안셀름, 전헌호 옮김.『다시 찾은 마음의 평안』. 서울: 성바오로, 2000.

_____, 이미옥 옮김.『하루를 살아도 행복하게』. 서울: 위즈덤하우스, 2007.

김녹두.『감정의 성장: 핵심감정에 공감할 때 우리는 성장한다』. 파주: 위고, 2015.

김애순.『청년기 갈등과 자기이해』. 3판. 서울: 시그마프레스, 2015.

나우엔, 헨리.『영적 발돋움: 영성 생활의 세 가지 움직임』. 서울: 두란노서원, 2007.

네이글러, 마이클, 이창희 옮김.『폭력없는 미래』. 서울: 두레, 2008.

레빈슨, 대니얼, 김애순 옮김.『남자가 겪는 인생의 사계절』. 서울: 이화여자대학교 출판
    부, 2003.

로젠버그, 마셜 B, 캐서린한 옮김.『비폭력대화: 일상에서 쓰는 평화의 언어, 삶의 언어』.
    서울: 한국NVC센터, 2013.

메이, 제랄드, 이지영 옮김.『중독과 은혜』서울: IVP출판사, 2005.

반두라, 알버트, 김의철 · 박영신 · 양계민 함께 옮김.『자기효능감과 인간행동: 이론적
    기초와 발달적 분석』. 서울: 교육과학사, 1999.

방성규.『모래와 함께 살던 사람들의 이야기: 사막 수도사들의 영성과 삶』. 서울: 이레서
    원, 2002.

베너, 데이빗, 이만홍 · 강현숙 옮김.『정신치료와 영적탐구』. 서울: 하나의학사, 2000.

베일런트, 조지, 이덕남 옮김.『행복의 조건』. 서울: 프런티어, 2010.

_____, 한성열 옮김.『성공적 삶의 심리학』. 서울: 나남출판, 2002.

보건복지부.「2104 전국아동학대현황보고서」. www.korea1391.org.

본 회퍼, 디트리히, 정지련·손규태 옮김.『신도의 공동생활 성서의 기도서』. 서울: 대한기독교서회, 2010.

볼스, 리처드, 조병주 옮김.『파라슈트』. 서울: 한국경제신문사, 2013.

브랜드, 나다니엘, 고빛샘 옮김.『성공의 7번째 센스 자존감』. 서울: 비전과 리더십, 2009.

브루지만, 월터, 장일선 옮김.『지혜전승연구』. 서울: 대한기독교서회, 1980.

사울, 레온, 이근후·박영숙·문홍세 옮김.『인격형성에 미치는 아동기 감정양식』. 서울: 하나의학사, 1999.

_____, 천성문 외 옮김.『아동기 감정양식과 성숙』. 서울: 시그마프레스, 2006.

셀리그만, 마틴, 김인자 옮김.『긍정심리학: 진정한 행복 만들기』. 서울: 물푸레, 2004.

손운산.『용서와 치료』. 서울: 이화여대출판부, 2008.

슈미트, 헬무트, 강명순 옮김.『구십 평생 내가 배운 것들』. 서울: 바다출판사, 2016.

앳킨스, 데이비드.『잠언강해: 삶을 위한 지혜』. 서울: IVP출판사, 2002.

어거스틴, 선한용 옮김.『성어거스틴의 고백록』. 서울: 대한기독교서회, 1990.

윤덕규. "샬롬의 삶을 위한 잠언의 지혜와 목회상담."『신학사상』167, 2014.

이광수.『도산 안창호』개정판. 파주: 범우, 2015.

이근후.「한국교직원신문」. 2016년 2월 22일자 제 1081호.

이만홍·황지연,『역동심리치료와 영적 탐구』. 서울: 학지사, 2007.

이무석.『나를 사랑하게 하는 자존감』. 서울: 비전과리더십, 2009.

칙센트미하이, 미하이, 이희재 옮김.『몰입의 즐거움』. 서울: 해냄, 1999.

카바니스, 데보라·사브리나, 체리·캐롤린, 더클러스·안나, 쉬바르츠, 박용천·오대영 옮김.『정신역동적 정신치료: 임상 매뉴얼』. 서울: 학지사, 2015.

크렌쇼, 제임스, 강성열 옮김.『구약지혜문학의 이해』. 서울: 한국장로교출판사, 1993.

킴, 조세핀.『우리 아이 자존감의 비밀』. 서울: BBbooks, 2011.

킹, 마틴 루터 Jr., 이순희 옮김.『나에게는 꿈이 있습니다: 마틴 루터 킹 자서전』. 서울:

바다출판사, 2000.

통계청 KOSIS 국가통계포탈 소득분배지표. http://kosis.kr/statHtml/statHtml.d
　　o?orgId=101&tblId=DT_1HDLF05&vw_cd=MT_ZTITLE&list_id=C2_
　　5_5&seqNo=&lang_mode=ko&language=kor&obj_var_id=&itm_id=
　　&conn_path=MT_ZTITLE

패튼, 존, 윤덕규 옮김.『영혼 돌봄의 목회: 본질적 가이드』. 서울: 기독교문서선교회,
　　2011.

페니베이커, 제임스 W, 이봉희 옮김.『글쓰기 치료』. 서울: 학지사, 2007.

프란치스꼬, 작은형제회 한국관구 옮김.『성 프란치스꼬와 성녀 글라라의 글』. 왜관:
　　분도출판사, 2004.

프랑클, 빅터, 이시형 옮김.『죽음의 수용소에서』. 파주: 청아출판사. 2005.

프로이트, 안나, 김건종 옮김.『자아와 방어기제』. 파주: 열린책들, 2015.

프로이트, 지그문트, 윤희기 · 박찬부 옮김.『정신분석학의 근본개념』. 파주: 열린책들,
　　2003.

＿＿＿, 임홍빈 · 홍혜경 옮김.『새로운 정신분석 강의』. 파주: 열린책들, 2003.

프롬, 에리히, 황문수 옮김.『사랑의 기술』. 서울: 문예출판사, 2006.

허먼, 주디스, 최현정 옮김.『트라우마』. 서울: 플래닛, 2007.

한국도박문제관리센터. 치유마당. 자가진단. https://www.kcgp.or.kr

한국정보화진흥원 스마트쉼센터. http://www.iapc.or.kr/site/summainfo/show
　　Guide InternetDetail.do.

헴스테터, 쉐드, 김양호 옮김.『자기대화』. 서울: 비전코리아, 1997.

호메로스, 천병희 옮김.『오뒷세이아』. 고양: 도서출판 숲, 2006.

호우, 데이비드, 이진경 옮김.『공감의 힘: 인간과 인간이 만드는 극적인 변화』. 서울:
　　넥서스, 2013.

Alcoholics Anonymous World Services.『12단계와 12전통』. 서울: 한국 A.A. GSO,
　　2002.

American Psycatric Associatio, 권준수 외 옮김. *Diagnostic and Statistical and*

Manual of Mental Disorders 5th Edition. 『정신질환의 진단 및 통계편람』 제5
판. 서울: 학지사, 2015.

KOSIS. 국가통계포탈 소득분배지표. http://kosis.kr/statHtml/statHtml.do?orgI
d=101&tblId=DT_1HDLF05&vw_cd=MT_ZTITLE&list_id=C2_5_5&se
qNo=&lang_mode=ko&language=kor&obj_var_id=&itm_id=&conn_
path=MT_ZTITLE.

국외 문헌

Anderson, Herbert & Edward Farley. *Mighty Stories, Dangerous Rituals:*
Weaving Together the Human and the Divine. San Francisco: Jossey-
Bass, 2001.

Breslau, Naomi. "The Epidemiology of Posttraumatic Stress Disorder: What
is the Extent of the Problem?" *The Journal of Clinical Psychiatry* 62, S17
(2001): S16-22.

Briere, John, and Catherine Scott. *Principles of Trauma Therapy: A Guide to*
Symptoms, Evaluation, and Treatment. London: Sage Publications,
2006.

Burgess, Ann W., and Lynda L. Holmstrom. "Adaptive Strategies and Recovery
from Rape." *American Journal of Psychiatry* 136 (1979): 1278-82.

Calhoun, Lawrence G., and Richard G. Tedeschi. eds. *Handbook of Post-*
traumatic Growth: Research and Practice. Mahwah: Lawrence Erlbaum
Associates, 2006.

Casey, Michael. *The Undivided Heart: The Western Monastic Approach to Con-*
templation. Petersham, MA: St. Bede's Publications, 1994.

Erikson, Erik. *Childhood and Society.* Second Edition, New York: Norton,

1963.

Herman, Judith L. "Complex PTSD: A Syndrome in Survivors of Prolonged and Repeated Trauma." *Journal of Traumatic Stress* 5 (July 1992): 377-391.

John of the Cross. *The Collected Works of St. John of the Cross.* Translated by Kieren Kavanaugh, OCD and Otilio Rodriguez, OCD. Washington DC: Institute of Carmelite Studies, 1991.

King, Martin Luther Jr. *Stride toward Freedom: The Montgomery Story.* Boston: Beacon Press, 2010.

Marcia, James E. "Development and Validation of Ego-Identity Stuatus." *Journal of Personality and Social Psychology* 3(1966): 551-558.

Moltmann, Jürgen. *In the End, the Beginning.* trans. Margaret Kohl. Minneapolis: Fortress Press, 2004.

Mruk, Christopher. *Self-Estem Research, Theory, and Practice: Toward a Positive Psycholgoy of Self-Esteem* 3rd Edition. New York: Springer Publishing Company, 2006.

_____. *A Broad Place: an Autobiography.* Minneapolis: Fortress Press, 2008.

Nagler, Michael. *Our Spiritual Crisis.* 2005.

Oates, Wayne E. *Confessions of a Workaholic: the Facts about Work Addiction.* New York: World Pub. Co., 1971.

OECD. *How's Life? 2017.* https://read.oecd-ilibrary.org/economics/how-s-life- 2017_how_life-2017-en#page264-266.

Rynearson, Edward. *Retelling Violent Death.* Philadelphia: Brunner-Routledge, 2001.

Sheldrake, Philip. *Befriending Our Desires.* Notre Dame: Ave Maria Press, 1994.

Thurman, Howard. *Disciplines of the Spirit.* Richmond: Friends United Press, 1963.

_____. *The Creative Encounter: An Interpretation of Religion and Social Witness*. Richmond: Friends United Press, 1972.

_____. *With Head and Heart: The Autobiography of Howard Thurman*. San Diego: Harcourt Brace & Company, 1979.

Vaillant, George E. *Spiritual Evolution: A Scientific Defense of Faith*. New York: Broadway Books, 2008.

van der Kolk Bessel A., Alexander C. McFarlane, and Lars Weisaeth, eds. *Traumatic Stress: The Effects of Overwhelming Experience on Mind, Body, and Society*. New York: The Guilford Press, 1996.

Yun, Duck-Kyu. *Contemplation and Solidarity: A Study of Posttraumatic Growth in the Christian Tradition*. Dissertation. Berkeley: Graduate Theological Union, 2011.

Werner, Emmy & Ruth Smith. *Journeys from Childhood to Midlife: Risk, Resilience and Recovery*. Ithaca: Cornell University Press, 2001.

Wilson John P. ed., *The Posttraumatic Self: Restoring Meaning and Wholeness to Personality*. New York: Routledge, 2006.

상처 치유와 성장을 위한 지혜
Wisdom for the Healing of Wounds and the Growth

2019년 9월 1일 초판 1쇄 인쇄
2019년 9월 8일 초판 1쇄 발행

지은이 | 윤덕규
펴낸이 | 김영호
펴낸곳 | 도서출판 동연
등 록 | 제1-1383호(1992. 6. 12)
주 소 | 서울시 마포구 월드컵로 163-3
전 화 | (02)335-2630
전 송 | (02)335-2640
이메일 | yh4321@gmail.com

ISBN 978-89-6447-521-8 03180

이 도서의 국립중앙도서관 출판예정도서목록(CIP)은 서지정보유통지원시스템 홈페이지
(http://seoji.nl.go.kr)와 국가자료종합목록 구축시스템(http://kolis-net.nl.go.kr)에서 이용
하실 수 있습니다.(CIP제어번호 : CIP2019034323)